高中AI 生活大智慧

The Generation Of Artificial Intelligence

人工智慧(Artificial Intelligence，AI)被視為工業 4.0 成功關鍵，亦改變了人類產業發展及生活方式，隨著圖像辨識、自然語音、機器學習及深度學習等技術逐漸成熟，聊天機器人、自駕車、無人機及智能物聯網 AIoT 等科技產物問世，以 AI 輔助人類提升工作效能已是時下顯學。臺北市政府教育局肩負首善之都教育使命，尤須帶動風潮、引領世代，迎向 AI 科技大未來。

為推廣新興科技教育，臺北市政府教育局自 107 年於市立永春高中設置 3A 科技教學基地中心，以普及深耕及專業人才培育為主軸發展人工智慧 AI 教育，整合產官學研資源，迄今已辦理百餘場教師研習、學生營隊及競賽活動，帶領工作圈伙伴學校研發課程模組及線上教材，不遺餘力地向北市學校推廣新興科技教育。

期間彙集教師團隊智慧，於 109 年 5 月首先發布臺北市國中 AI 教材「揭開人工智慧的面紗」及國小 AI 教材「生活中的人工智慧」，109 年 9 月再發布高中 AI 教材「AI 生活大智慧」，以深入淺出的方式，讓讀者可以快速掌握 AI 科技發展脈絡及重要理論，將生活中的 AI 應用實例連結知識，探討 AI 科技面臨的道德議題，並為未來有意投入 AI 產業發展的學生，提供升學、修課及生涯規劃建議，冀能提供本市教師、學生及家長完善 AI 自主學習教材及校園 AI 教育推動策略。

衷心感謝永春高中張云棻校長、3A 教學基地中心曾慶良主任召集本市高國中教師協力撰寫教材，亦感謝國立臺灣大學洪士灝教授、成功大學林守仁博士等專家學者團隊悉心指導，使「AI 生活大智慧」順利出版。期望親師生齊心攜手、共同增能，為臺北市高中職 AI 教育及新興科技推展共盡心力，持續展現臺北市資訊教育的前瞻性及精進力！

臺北市政府教育局局長

謹誌
中華民國 109 年 9 月

教授推薦

（依照姓氏筆畫數順序排列）

本書目標讀者為高中職學生，避開數學公式，使用淺顯易懂的文字說明人工智慧及資料科學歷史背景與基本概念，帶領學生入門。

對已有 AI 觀念的學生，也提供了很多參考資料與連結，協助學生研讀進階知識，最後列舉人工智慧在各領域的應用，對學生未來生涯規劃很有幫助。

━━━━━━● 國立臺灣大學 人工智慧技術暨全幅健康照護聯合研究中心
杜維洲 執行長

在高中階段學習 AI 為各國科技教育近年發展關鍵項目。

本教材由一群傑出的國高中教師撰寫，從 AI 的基礎概念開始，到監督式學習與非監督式學習的差別，最後再談到深度學習，學生可藉由此教材學習 AI 領域新知。

━━━━━━● 國立成功大學 電機系　林守仁主任教授

書籍編排精心的規劃，非常具可讀性，是相當符合高中生程度的入門教材，尤其適合作為國中升高中的學生第一次接觸人工智慧議題的啓蒙讀物。

━━━━━━● 國立臺灣大學 資訊工程學系　洪士灝 教授

「人工智慧」的概念就是人類希望機器能夠透學習而具備智慧，來解決人類生活上的問題。

在十二年國教新課綱核心素養「運算思維，系統思考」思維下，孩子十分需要習得解決動態複雜問題、抽象思考，以及展現科技應用創意等能力。

而本書正是能啓發孩子對 AI 科技研究的興趣，瞭解未來 AI 發展趨勢的讀物，也能做為往後生涯規劃參考指引。

━━━━━━● 逢甲大學 陳國彰 助理教授

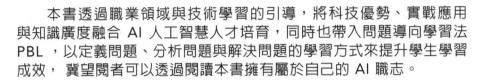

本書透過職業領域與技術學習的引導，將科技優勢、實戰應用與知識廣度融合 AI 人工智慧人才培育，同時也帶入問題導向學習法 PBL，以定義問題、分析問題與解決問題的學習方式來提升學生學習成效，冀望閱者可以透過閱讀本書擁有屬於自己的 AI 職志。

━━━● 真理大學 資訊工程學系　陳炯良 助理教授

本書以生動的方式介紹 AI 在各領域的發展，相當引人入勝，更將 AI 與各科系的關聯做了清楚的指引，供高中生未來選填志願時參考。

━━━● 國立高雄科技大學 資訊管理學系　黃承龍 教授

本書由中學教師合力撰寫，以圖文並茂由淺入深的方式闡述人工智慧基礎概念及應用，述說 AI 發展緣起、實際應用以及未來趨勢，各章單元于本文後，尚有單元測驗、實作操作環節，可檢視概念並延伸學習，不僅可以作為高級中學「科技領域」課程規劃及教學使用，也可作為 AI 知識入門書，使學生無需資訊科技基礎，也能讀懂及建構人工智慧概念知識。

━━━● 國立臺灣大學　傅昭銘 教授

本書內容豐富、脈絡分明、淺顯易懂，對於人工智慧與大數據分析相關素材的蒐集、整理更是鉅細靡遺，讓人可以瞭解人工智慧的來龍去脈及各種應用，還可以透過相關網站及影片來提高學習成效。

我相信本書不僅可以讓高中學生輕鬆地吸收這些知識，就算是大學生或社會各界賢達人士，也可以透過此書找到 AI 與其專業結合的明確方向。

━━━● 國立高雄科技大學 資訊管理系　曾守正 教授

在閱讀本書後，深深感受到編寫教材老師的用心及豐富的知識內容。相信高中生在閱讀完本書後，對 AI 未來在人們生活中扮演的角

色，將會有更深刻的理解，如本書所述，各行各業都可能存在 AI 的影子，未來是 AI 與人類協同互助的時代，期盼本書能帶給高中職生更多的創意想像空間與不同領域的發展可能性。本書中人工智慧的倫理決策樹更是一大亮點，可以帶領學生思考人工智慧未來落實於生活應用上，可能會遭遇的道德問題與法律問題。

● 國立成立大學　楊竹星 教授

本書以淺顯易懂的方式介紹人工智慧，用知識普及的模式與角度討論許多生活 AI 應用實例，並搭配資訊科技相關知識與概念，相當適合高中生閱讀及學習。

● 國立臺北科技大學 資訊工程系　劉傳銘 教授

本書在人工智慧與大數據科學的概念、理論架構、資訊倫理皆有詳細講解，內容不牽涉太多的數學與演算法，給予學生綜觀的敘述。

● 德明財經科技大學資訊科技系　蔡智孝 副教授

該書架構妥適，介紹人工智慧相關知識，與 AI 及各職業領域關係，AI 發展趨勢與 AI 對我們社會進步的影響，最後對有意投入 AI 領域學生未來進路與學科準備說明。

同時，每章附有測驗幫助學生回顧和思考，並詳列參考文獻，協助師生進一步探索 AI 相關知識。

● 臺北市立大學 資訊科學系　壽大衛 副教授

在全球化人才競爭激烈時代，培養學生人工智慧等新興科技認知更顯重要，本書深入淺出透過應用實務，結合 STEAM 新素養精神：「跨領域、動手做、生活應用、解決問題與五感學習」，引領臺灣未來教育趨勢。

● 臺灣科技大學管理學院 / 資訊管理系　蕭培元兼任助理教授

本書作者

臺北市永春高中
張云棻校長

AIoT 樂活共生
應用團隊創辦人
蘇中聖先生

臺北市 3A 科技
教學基地中心
曾慶良主任

臺北市明湖國中
高抬主老師

臺北市南湖高中
吳秀宜老師

臺灣師大附中
李巧柔老師

臺北市 3A 科技
教學基地中心
白世文 組長

臺北市永春高中
葉惠鳳主任

臺北市南湖高
陳泓曄老師

Contents

Contents

新興科技適性揚才

臺北市永春高中　張云棻校長

▶ 前言

AI 時代的來臨

　　行政院於 2018 年公告臺灣 AI 行動計畫 (2018-2021 年)，宣示臺灣 AI 時代的來臨。在 AI 人才衝刺、AI 領航推動、建構國際 AI 創新樞紐、場域及法規開放及產業 AI 化五大行動計畫主軸下，賦予教育機關 AI 人才培育的重任。

　　教育部於 2019 年 6 月提出「人工智慧（AI）與新興科技教育總體實施策略」，宣布將「機器學習」及「人工智慧」列入師資培育職前教育必選課程，「程式設計」從 2 學分提高至 3 學分，並推動革新 AI 與新興科技教學模式，包括成立科技領域教學研究中心，研發資訊科技分科教材教法等，還計畫在 2020 年將 AI 課程納入正式課綱，未來從國小到高中，都會有相關課程與教材。

　　永春高中於 2017 年成立臺北市 3R 融入教學基地，2018 年轉型為臺北市 3A 教學基地中心，並申請通過成為全國新興科技認知計畫北區推廣中心，擁有專職團隊推廣北北基、宜蘭地區高國中小的新興科技認知教程，課程推廣重點包括擴增實境 (Augmented Reality, AR)、虛擬實境 (Virtual Reality, VR)、AI(Artificial Intelligence.)、ADAS(Advanced Driver Assistance Systems, 先進駕駛輔助系統)、大數據 (Big data)、機器人、智慧商店等，讓科技與課程貼近學生生活與學習歷程，實現新課綱素養精神。

　　臺北市政府教育局及國立臺灣大學於 2019 年 4 月 25 日簽署「臺北市 AI 人工智慧教育合作備忘錄」，共同發展 AI 人工智慧教育，MOU 內容包括規劃 AI 教育專案、協助校長和教師發展專業訓練課程、在學校推動 AI 教學及協助教師投入 AI 專案發展等。永春高中率先開設六週微課程模式的「AI 科技學程班」，招收全市對 AI 有興趣的高中職學生，課程包括「AI 基礎認知」、「機器辨識的基礎理論及

應用」、「智慧感測器認知與製作」，同時也會實作「AI Line 聊天機器人」。中正高中則於 108 學年度開設「AI 學程專班」，與國立臺北科技大學及臺灣西門子進行產學合作課程，培育 AI 相關領域人才。

AI 時代即將到來，我們該用什麼態度去面對，該如何進行準備？

美國賓州百年學區科技與創新主任朱立安尼（AJ Juliani）曾指出成功創新的學校具有下列五個特點：

1. **不會怕東怕西：**一個創新學校要有勇氣面對風險、分析風險、克服風險，並承擔風險。
2. **願意嘗試錯誤：**創新的學校知道學習必須犯錯，每犯一次錯，就要比別人進步更多，絕對不會原地踏步。
3. **公開透明：**學校必須竭盡透過各種管道讓組織內外部人士都瞭解：改變在哪裡、為什麼要改變、改變對誰有利及風險在哪裡。
4. **適當使用科技：**學校成員能善用科技促進主動學習和深度學習，不是只為了流行、也不會被科技所欺騙。
5. **向外連結學習：**提供學校在創新經營、面對新興科技與創新教育的發展與參考，學校不能活在自己過去成功的經驗裡，成功的創新學校知道自己的優勢與弱點，積極參與跨校連結與分享。

我個人主修心理輔導，對 AI 的涉略不深，要面對 AI，採用的方法就如同電影「鋼鐵人」(IRON MAN) 小勞勃·道尼 (Robert Downey Jr) 所說的：「學習一門學科的最好方式，就是教授它，這也是我開始學習新事物最好的時機」。我也因在這一年來，積極參與 AI 研習與師資培訓課程，進一步認識了 AI 與高中生學習、未來生涯發展的關係。

內容

1 AI 與 108 新課綱學習

　　人工智慧,是希望電腦不再只是模擬,而是能真實地與人類互動及協助人類日常生活。AI 於日常生活早已隨處可見,且發展得非常快速,AI 人才培育也被納入中小學教育。中國大陸在 2018 年編寫出全球第一套 AI 高中教材,在北京、上海、廣州等地四十所高中進行試教;美國則於 2019 年初,由先進人工智慧協會(AAAI)和電腦科學教師協會(CSTA),共同促成中小學 AI 教育的國家指南。在臺灣,AI 已列入 108 課綱「科技領域」中的「新興科技」章節,近期教育部也完成從小學到高中《和 AI 做朋友》教材及教案套書補充教材,面對 AI 帶來的改變與影響,我們該如何教導生長在 AI 時代的孩子呢?

　　我們先來看看 108 課綱中「科技領域」的規劃,十二年國民基本教育科技領域之課程旨在培養學生的科技素養,透過科技工具、材料、資源,培養學生動手實作及設計與創造科技工具及資訊系統的知能,同時也涵育探索、創造性思考、邏輯與運算思維、批判性思考、問題解決等高層次思考的能力。此次科技領域綱要,將 STEAM 人才培育理念納入課程規劃,期待學生透過觀察與體驗日常生活中的問題,運用跨學科的知識整合運用各項能力,透過動手實作的過程,培養學生「設計思考」與「運算思維」知能。

　　108 課綱第五階段普通型高級中等學校「科技領域」章節,包含教學、資源、環境三個面向,課程內容含括資訊科技、生活科技到新興科技。

　　「資訊科技」必修 2 學分,以培養「運算思維」為主軸,重點在於培養學生邏輯思考及對資訊的活用性,與校內的資訊課做連結,讓教學與生活更加緊密。「生活科技」必修 2 學分,主要在教導學

生如何從需求中找到問題的來源，並透過設計及創造力解決問題，從過程中學習以系統性思考解決生活上的各個難題。「新興科技」則提供主題式的體驗探索場域、動手實作的課程、基礎與進階的數位學習內容，由淺入深的帶領學生瞭解新興科技的原理及進階應用，透過手作、設計與創造整合資訊科技及生活科技，達到培育學生科技應用知能的目標。科技領域在加深加廣選修部分共規劃 8 學分：「進階程式設計」2 學分、「工程設計專題」2 學分、「機器人專題」2 學分及「科技應用專題」2 學分。

科技領域課程以實踐新型態教育的理念為目標，對於不同教育階段學生提供適性教學規劃。科技教育是企業轉型、國家進步不可或缺的關鍵，為協助學生學習 AI 等興新科技，教師們也應從零開始學習 AI 相關理論及實務應用課程。在 AI 這股世界風靡熱潮中，無論未來是否投入相關產業，都須對 AI 有初步了解。

人工智慧並不可怕，他會透過學習模仿人類的思維過程，但並不會生成自主意識取而代之。臺灣人工智慧學校前任執行長陳昇瑋提過：「父母們得要知道，未來變化之快，會超越自己的生活經驗。」各年齡層都要學會與 AI 合作創造自我價值，操作 AI、和 AI 共事及管理 AI。

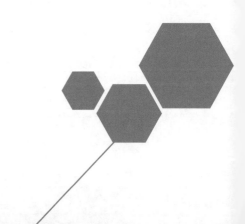

2 學習 AI 的關鍵力

　　為推廣全民 AI 先備知識，各國政府皆著重於資訊素質的培養，近年來電腦科學興起，從雲端、IoT(Internet of Things, 物聯網)、嵌入式系統到 AI 和深度學習，資訊技術應用到各領域的情形也日漸普遍，各產業、領域的企業也積極尋找精通程式語言的人才。廣達研究院院長張嘉淵表示：「科技只是帶你到未來的工具，但未來是你要去想像、創造的。」，而培養 AI 素養有三大關鍵力需要增強：

1. 知己知彼，百戰百勝：

　　未來不是 AI 會取代你，而是 AI 和你「人機協作」，取代不懂應用 AI 的人。科技是生活的一部分，中小學教育目標不限於學習 AI 相關技術，而是要培養學生基本電腦邏輯，知道電腦可以幫人類做什麼。

2. 尋找你獨特的價值：

　　AI 能取代人類執行許多繁複性的工作，例如行政、文書處理等，但人類成長、同理、自省的能力都是 AI 不可取代的。面向 AI 時代的教育，除了會使用 AI 輔助生活，應該更強調人類的創意與獨特性，以「提問」取代「回答問題」，拒絕當只會回答標準答案的人，而是在不斷思考中激發出新的創意。

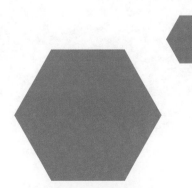

3. 勇於創新及挑戰未知：

前 Google 臺灣區分公司總經理簡立峰觀察，臺灣的教育裡，最缺乏的就是勇敢。孩子從小被教導安靜聽話，導致往往對於發表意見少了點勇氣。在面對快速變革的社會，要學習拋棄過往的沉默，與夥伴一同激發出新的創意。

3 適性揚才與未來職志

在這幾年輔導學生選填志願及生涯規劃的經驗中，家長及學生最常詢問的問題不外乎「AI 到底會不會搶走人類工作？」，「面對 AI 熱，大學該選哪些科系領域？」我們可從未來趨勢與生涯抉擇兩方面來思考。

美國研究暨顧問機構 Gartner 在 2019 年發布報告指出，2020 年，全球將有 180 萬個職缺因應 AI 轉型，AI 也將創造出 230 萬個全新工作機會。透過合併多種趨勢的組合式效果，來創造新商機並帶動突破式創新，正是 Gartner 預測未來十大策略科技趨勢的特色。

當人工智慧被應用在開發流程，各式各樣的資料科學、應用程式開發和測試功能得到自動化，我們將看見另一個層次專業應用程式開發商機就此誕生。到了 2022 年，在新推出的應用程式開發專案當中，至少有 40% 的團隊會有人工智慧共同開發人員參與其中。未來近四成可自動化操作的工作將因應機器人和人工智慧技術而轉型，有別於歷史上數次工業革命取代藍領的工作，這一次 AI 帶動的，是白領工作的自動化。進入人工智慧時代後，大家最關心的話題莫過於面對來勢洶洶的 AI 浪潮，該如何規劃職涯才能維持職場競爭力？

AI 是最具代表性的創新科技技術，但其實 AI 所產生的不僅是技術議題而已，如何使用 AI、如何發揮 AI 價值與人類日常生活及產業進步有關，不屬於工程與程式專業的各領域人才，工作上也可能使用人工智慧驅動的工具，自動產生新的解決方案。

因應 AI 興起，人們開始重新探討經濟不平等與勞動力問題、犯罪方面的偏見歧視、偽造和假新聞、消費者隱私和安全、全球安全與

情報、道德價值觀及相關法律規定等議題，AI 等新興科技衝擊著現有的思維與規定。AI 本身，就是個跨足自然科學與社會科學領域的新議題。

觀察實際的現況，不管是 Google、蘋果、微軟等科技公司的用人中，並非皆為理科背景的技術員工，更多比例的是非技術的工作，這些工作著重解構問題、處理問題和部門溝通等軟實力。自然科學提供科技改變社會的基本技術，而社會科學則提供我們科技社會中的生存法則。AI 不是科技議題，而是社會議題！

AI 關係的面向是廣泛的，自然科學與人文社會科學均有發展的機會。

接著來談學生選擇科系的問題，首先請大家拋開經常聽說的各種偏見。AI 以機器學習為基礎，所以不可能完全透過深度學習，取代人類的思考及情緒，也沒辦法自行學會人類社會的常識與道德。在這次科技的革命中，可以鼓勵孩子找到屬於自己的價值，朝不擅長的領域發展，成為獨一無二的「自己」。

如果要預測各種工作大概多久以後會由機器取代，可先思考以下三個問題，找到不容易被取代的好工作後，再決定將來要就讀哪些科系，進入什麼領域就業：

1. 這個領域需要運用社交手腕和他人互動嗎？

2. 這個領域需要運用創意，提出巧妙的解決方案嗎？

3. 這個領域需要在無法預測的環境下工作嗎？

當你肯定的程度越高，這個行業就越不會在自動化的時代被取代，要知道即使沒有真正的智慧，今天的 AI 仍足以將許多原本由人類執行的工作做得更好，並可能在未來 10 年、20 年接手這些工作。因此，無論在哪種崗位，一定要有能力分析 AI 對自己的工作帶來什麼影響。即使沒有影響，更要認知如何以 AI 這項工具來為自己加值。相較之下，在穩定的環境下，重複執行相同的動作，這種工作型態在未來最可能被取代。還有很多職業項目，比方說需要既定判斷準則即可完成的財務管理類職位，雖然不至於列入全面取代的危險名單，但是大多數工作內容還是能被納入自動化的作業流程，這也使得就業市場此類人力需求大幅減少。

我們或許可將工作分為行政、溝通、決策、創造四種類型。每個人的工作內容或多或少都包含有這四個類型，只是比重不同。「行政」的工作多屬於例行性的量化資料整理，而且有規則可循，這部份在未來會最先由 AI 來操作。而推銷、談判、協調等「溝通」的工作，由於目前 AI 還無法真正理解人類情緒及技巧，也沒有足夠知識處理例外狀況，因此大部份溝通的工作，極難被 AI 取代，因此業務及高階談判人員仍具有優勢。「決策」則不能一概而論，只要決策的情境與標的可以量化，同時有足夠質量的資料，讓 AI 進行決策可能更為準確且快速。而無法量化及具有變動性的場合，則仍賴專家判斷，例如商業併購、創投、市場開發及公共政策的制定等等。「創造」的工作也是，設計、寫作、企劃與創作等無中生有的工作，具有個人風格及不斷創新出新的風潮，因此歌手及音樂家等職業仍無法由 AI 所取代。但有邏輯可循的創意，例如廣告文案已有類似的模式可操作，阿里巴

巴旗下的廣告交易平臺「阿里媽媽」，在 2018 年就推出了「人工智慧智能文案系統」，從網上數萬條文案中經過文字探勘分析出最為消費者接受的文案類型，重新組合生成文案。

　　若你日常的決策工作背後具有一些原則及重複性，大致上可以寫下來或說出來，而且例外狀況不多，那就是 AI 可以輔助的部分。儘管如此，替代的過程也非一蹴可及，先由 AI 提供決策輔助開始，逐漸轉變成人類與 AI 分工合作，由 AI 進行常規工作，人類負責處理例外及特殊狀況，以及持續改善 AI 效能，增加 AI 處理意外狀況的能力。

　　因此，工作者是否具備與 AI 協同合作的能力，將是影響未來工作表現的關鍵。企業裡的人力資源單位也需對此有所認知，預先做好準備而非將新趨勢阻擋在外。在不久的將來，人與人工智慧的協作將無所不在，提升自己對變化的適應程度決定自身未來的競爭力。新興科技的進步可能帶走一部份職業，卻給了我們更多不同的機會，就像以前大家覺得 Youtube 只能用來觀看影片，如今卻有人以上傳影片至 Youtube(成為 Youtuber) 為職業。與 AI 分工合作才是未來工作的重點，就像人類不需要與電腦比拼計算能力一樣，工作者可精進與 AI 不同性質的能力，讓自己從可能被 AI 取代，升級為讓 AI 為自己工作的人才。

　　回歸到教育本質，是為幫助學生從個人發展需求的角度，使個人有效而樂意地發展天賦擅長，讓個人謀得生計、享受生活、發展生命，進而自我實現。從國家發展的角度，教育是為了培育多元人才，組織內外部多元人力發展國家競爭力。

　　再聚焦適性揚才的教育目標，教師須瞭解學生個別的特質與傾向，能針對不同學習模式或步調的學生，採用多元適合的方法進行有效教學，協助學生發揮自己的天賦特性與能力，找到自我定位並能充分發揮潛能。

　　雖然現在無法確切預估未來因應 AI 的發展而產生的工作型態有多少，但建議同學可透過課程體驗瞭解自動化時代到來後，AI 對就業市場的影響，透過自我分析、訂定策略、制訂生涯藍圖等步驟讓自己瞭解自身價值，培養跨域發展並培養溝通能力，成為響應時代所需的貴重人才！

單元一

人工智慧是什麼？

AIoT 樂活共生應用團隊創辦人　蘇中聖先生

前言

　　1990 年，英國電腦科學家提摩西·約翰·柏內茲 - 李爵士（Sir Timothy John Berners-Lee）推動網際網路應用的迅速發展，電子郵件、通話以及檔案分享服務也紛紛問世。2005 年起，人們透過物聯網（Internet of Things,IoT）將電腦中心和各種機器、設備連

結，包含家庭設備、汽車遙控、搜尋位置、防盜、自動化操控系統等，開始了數據收集的時代，數據被廣泛應用於重新道路設計、都市更新、災害預測、犯罪防治、流行病控制等。2012 年起，網路的資訊匯聚成有價值的大數據（Big data）分析，而為了進一步收集數據，出現了感測器 (Sensor)、辨識器 (Identifier)、影音監控 (Video Surveillance) 等感知工具，協助人們透過影像、聲音的擷取來偵測及辨識物件的身分與移動。這些資訊到了 2016 年，成為我們如今所說的人工智慧發展基礎。

1-1 人工智慧的定義

人們對人工智慧（Artificial Intelligence, AI）的想像，大多可能來自電影等影視作品；到目前為止，以機器人為主題的電影已經超過 100 部以上了。其中讓大家印象最深刻的是 2004 年 7 月 16 日在北美發行，由威爾·史密斯（Will Smith）飾演戴爾·史普納警探（Det· Del Spooner）的《機械公敵》（i, ROROT），故事描述在 2035 年，機器人已經成為每一家庭的夥伴，在生活中扮演著重要的角色。

波士頓動力公司（Boston Dynamics）位於美國麻薩諸塞州（Massachusetts）的沃爾瑟姆市（Wal-tham），是一家美國工程與機器人公司，2013 年 12 月 13 日為 Google 公司收購，2017 年 6 月 9 日再為日本軟銀（SoftBank）收購，波士頓動力公司的機器人產品四足 Spot/Spot Mini 機器狗、Atlas 類人雙足機器人、BigDog 機器狗、Handle 足輪機器人、Rise 爬行機器人、Sand Flea 偵察機器人，具備的雷射雷達感測器及立體視覺感測器，能夠解讀語言及視覺命令，行走、奔跑、攀爬、翻山越嶺及背負重物，讓人窺見人類對未來機器人想像的縮影。

由香港漢森機器人技術公司（Hanson robotics）所開發的索菲亞（Sophia）機器人也曾引起很多人關注，她（它）在 2017 年

 掃瞄 QR-Code，觀看波士頓動力公司的機器人產品

 掃瞄 QR-Code，觀看索菲亞機器人最新動態

10 月成為沙烏地阿拉伯公民，是世界上第一個有國籍的機器人。索菲亞機器人可以模仿人類的手勢及臉部表情，運用 Google 母公司 Alphabet 的語音識別技術，回答一些預設的簡單問題，嚴格的說，索菲亞機器人還是處於 AI 初步應用的階段，甚至還有人看見幕後有真人在對話。

人工智慧，又稱人工智能。是指讓機器具備和人類一樣的思考邏輯與行為模式。

如何判斷機器具備思考能力？英國計算機科學家艾倫·麥席森·圖靈（Alan Ma- thison Turing）先生於 1950 年提出探討機器是否具備思考能力的思想實驗，稱為圖靈測試（Turing Test），如果一臺機器可以通過測試，與人類展開對話，而不會被認出是一臺機器，此臺機器即具備思考（人工智慧 AI 能力。）圖靈也因此被稱作計算機科學及人工智慧之父。如果想認識圖靈先生，可以去看 2014 年 8 月 2 日在英國發行的電影《模仿遊戲》（The Imitation Game）。

但是，AI 的運作過程是什麼呢？接下來，以中文屋（Chinese room）來為大家說明。

中文屋實驗來自加州大學哲學教授約翰·羅傑斯·希爾勒 (John Rogers Searle)1980 年的論文《心靈、大腦和程式》（Minds, Brains, and Programs），實驗過程：『一個只會英文，不會中文的人，關在一個房間內，只有一個小小的窗口。房間內只有一本英文操作手冊，指導只會英文的人如何將窗口接收中文問題資料，再將查詢到的中文答案資料，送給窗口外提出中文問題的人。』房間外的人（相

當於程式設計員）可能誤以為房間內的人（相當於電腦程式）會中文，具備中文的思考能力，但事實上房間內的人其實只會英文，也就是根據英文手冊（既定規則）提供相應答案，而非自行進行思考。如果符號對於機器而言沒有任何意義，那麼就不能認為機器是在「思考」。電腦如何被定義成只有思考能力呢？大家可以分成正反兩方進行辯論。

（圖 1-1 資料來源： ）

人類為什麼會發明出 AI 呢？我們接著由 AI 的歷史談起。

1-2 人工智慧的歷史演進

| 1943-1970 年代
符號邏輯
(Symbolic) | 第一波
主題：
運用符號邏輯學來作為人工智慧的實踐方向 |

1943 年，有學者運用數學模型來模擬生物大腦的神經網路，後續分成兩個學派，一個學派轉向了生物神經學，另外一個學派轉向了人工智慧。

1945 年，最早的馮紐曼架構（Von Neumann architecture）通用電腦被開發出來。

1950 年，艾倫·麥席森·圖靈（Alan Mathison Turing）先生提出圖靈測試（Turing Test）。

1956 年，人工智慧（Artificial Intelligence，AI）在美國新罕布夏州（State of New Hampshire）一場為期 2 個月的研究工作坊『達特茅斯暑期人工智慧研究計畫（The Dartmouth Summer Research Project on Artificial Intelligence）』，由負責組織會議的電腦高階語言 LISP 之父約翰·麥卡錫（John McCarthy）正式定名，並提出論點：『計算機、自然語言處理、神經網路、計算理論、抽象化與隨機創造』，成為人工智慧研究發展的重要領域及起源。

第一波人工智慧的發展方向是如何以電腦解決問題，運用符號邏輯學來作為人工智慧的實踐方向，應用都以 True 與 False 來理解；但是人類無法說清楚自己的思考過程，加上當時電腦計算速度慢、儲存空間太小且數據量也太少，使得軟硬體都遇到瓶頸，人工智慧只能解一些代數題和數學證明，更談不上實務上應用。

1970 年，企業與政府紛紛撤資，研究基金被削減，計畫被迫停止，人工智慧進入第一場寒冬期。

　　1974 – 1980 年，AI 進入第一次低潮期，AI 成為冷門的研究領域。

1980-1990 年代
專家系統
（Expert system）

第二波

主題：
依照一組從專門知識中推演出的邏輯規則，
在某一特定領域回答或解決問題。

　　1975 年，摩爾定律（Moore's Law）提出積體電路上可容納的電晶體，每 2 年能翻 1 倍。此時，學者開始轉換另一個思考模式，用統計機率學來處理「不確定命題」，用 0 到 1 之間的數值來表示。研究領域轉向了「機器學習」（Machine learning），是一門涵蓋電腦科學、統計學、機率論、博弈論…等多門領域的學科。

　　1980 年，「機器學習」興起，歸功於硬體儲存成本下降、運算能力增強（包括本機終端與雲端運算），足以即時處理大量數據。

　　1986 年，深度學習之父傑弗瑞·辛頓（Geoffrey Everest Hinton）等人提出反向傳播法（Backpropagation），降低了類神經網路（Neural Network）的計算量，促使類神經網路興起，其後

專家系統之父愛德華·費根鮑姆（Edward Albert Feigenbaum）發明專家系統 Dendral，是一種依照從專門知識中推演出的邏輯規則，進而在某一特定領域回答或解決問題的程序，期望能把人類的所有知識都存入電腦；但是電腦沒有自行學習能力，使得太多的問題無法解答。因此之後 AI 研究進入第 2 次低潮期，再次成為冷門的研究領域。

2010 年代以後
深度學習
（Deep learning）

第三波

主題：
由使用者輸入資料，進行深度學習進行數據分析

2007 年，美國普林斯頓大學（Princeton University）李飛飛教授和合作夥伴開辦『ImageNet 專案』挑戰賽，建立當時全世界最大的圖像識別資料庫，提供各方透過機器學習進行辨識，2012 年 10 月，傑弗瑞·辛頓的學生透過卷積神經網路（CNN）及輝達公司（NVIDIA Corporation）的 GPU 開發的作品，達到 15.3% 的錯誤率，獲得比賽第 1 名，圖像辨識率超過第 2 名近 10%。

2013 年 7 月，Google 公司收購深度學習之父傑弗瑞·辛頓創辦圖像辨識軟體 DNNresearch 公司。

2014 年元月，Google 公司收購英國 DeepMind 公司（DeepMind Technologies Limited）。

2016 年 3 月，DeepMind 公司的 AlphaGo 戰勝南韓圍棋選手李世乭。隔年 5 月，又一次在中國烏鎮圍棋峰會的三局比賽中擊敗當時世界排名第一的中國棋手柯潔。

2017 年 10 月，DeepMind 公司的 AlphaGo Zero 自行訓練對奕下棋，結果打敗舊版的 AlphaGo。

2018 年 12 月 10 日，DeepMind 公司的 AlphaStar 打敗了『星海 2』職業選手 TLO，又在 12 月 19 日打敗世界級頂尖職業選手 MaNa，世界排名來到前 0.2%。

2018 年，Google、Microsoft 及 Amazon 公司開放內部的機器學習資源，讓一般人都可以免費線上學習，並可進一步考取相關證照，Google、Microsoft 及 Amazon 公司也可以藉此一瞭解產業需求及痛點。

看起來，AI 好像很厲害，能夠打敗世界棋王，但是，圍棋 AI 不能下西洋棋，象棋 AI 也不能玩橋牌。也就是說， AI 只能依據你輸入的資料做一件事，無法無中生有。

另外，當你給 AI 輸入資料，也要預先清理資料，讓 AI 看得懂。大家有了初步的 AI 歷史概念之後，接著來瞭解一下所有人工智慧、機器學習及深度學習，有哪些區別？

1-3 人工智慧、機器學習及深度學習

人工智慧、機器學習及深度學習之間的關係，請見下圖：

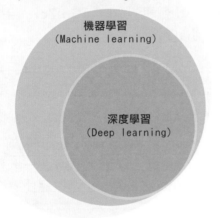

人工智慧
(Artificial intelligence)

機器學習
(Machine learning)

深度學習
(Deep learning)

（圖片參考網址： ）

　　高中生在學習過程中，學生可能對學習內容沒有什麼感覺，或是不知道學科內容有什麼用途，而興趣缺缺；但是，學習 AI 的過程中，高中數學的線性函數、斜率、迴歸分析、對數、統計、貝氏定理、機率、矩陣、向量、微分，都可以在執行 AI 程式過程看到立即的結果，成就感也比較直接。常見於智慧型手機、智慧音箱的語音辨識，所使用到的自然語言處理（Natural Language Processing, NLP）則和國文的斷詞及理解詞有關聯。

　　首先，人工智慧依照機器（即電腦）處理與判斷資訊的能力區分為 4 級。

第 1 級人工智慧（first level AI）：機器含有自動控制的功能，經由『感測器』偵測外界的溫度、濕度、亮度、震動、距離、影像、聲音等訊號，控制程式自動做出相對反應，例如吸塵器及冷氣機等，並非真正有智慧的機器。

第 2 級人工智慧（second level AI）：機器具備探索推論及運用知識的能力，是基本典型的人工智慧，利用『演算法』使輸入與輸出的資料產生大量的排列組合，例如拼圖解析程式及醫學診斷程式。

第 3 級人工智慧（third level AI）：機器依據資料學習如何將輸入與輸出資料產生關聯，「機器學習」依據輸入的資料，去學習資料「特徵值」的規則，處理資料時的「特徵值」必須由人類教導機器，例如搜尋引擎及大數據面分析。

第 4 級人工智慧（fourth level AI）：機器「自行學習及理解」機器學習資料的「特徵值」，而處理資料時的「特徵值」，可以由機器自己學習而得，請掃描以下 QR code 觀看各種機器學習範例。

 (1) 掃瞄 QR-Code，觀看 AI 如何將以前的黑白照片及影片自動著色

(2) 掃瞄 QR-Code，觀看史丹佛大學（Stanford University）的 Face2Face，將一個人的臉部表情移植到視頻上另一個人的臉上

 (3) 掃瞄 QR-Code，觀看 Google 的像素遞歸超解析度（Pixel Recursive Super Resolution）根據低解析度的照片，還原原來的真實畫面

(4) 掃瞄 QR-Code，觀看康乃爾大學（Cornell University） 的 Zhe Cao 如何預算人類的骨架走位

 (5) 掃瞄 QR-Code，觀看 Facebook 如何標示好友，Google 如何標示照片以便於搜尋，還有安德烈·卡帕西（Andrej Karpathy）及李飛飛教授訓練出深度學習機器如何描述照片內容

(6) 掃瞄 QR-Code，觀看 Yaroslav Ganin 將照片內人的眼睛 上下左右移動

　　由下圖歷史發展圖來看，人工智慧及各年代的發展階段，包含了機器學習，而機器學習又包含了深度學習 (Deep learning)。

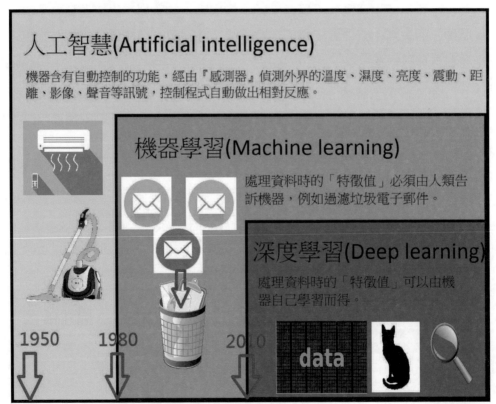

圖 1-3：AI 發展史（圖片參考網址： ）

深度學習開始於 2010 年，我們可由生物神經元及突觸，簡稱神經網路（Neural Network, NN）觀念，來學習人工神經網路（Artificial Neural Network, ANN），又稱類神經網路。生物大腦中的神經元（Neurons）及突觸（Synapse）之間，是由一連串電流與化學物質的傳動，來相互傳遞訊息。大腦也利用獎勵及懲罰的系統，來鞭策身體去追逐、實踐及獲取可以延續生存的事物。

　　AI 的深度學習就是模仿生物神經網路的結構及功能，以數學統計模型的非線性函式進行估算取得近似值，並操控機械的大腦做出反應。例如手寫辨識的神經網路，輸入神經元會被輸入圖像資料（所寫圖像）所激發，在激勵值被加權後，通過一個函式，這些神經元激勵值被傳遞到另一些神經元，此過程不停地重複，直到輸出神經元被激發，輸出神經元根據激勵值辨識出輸入的是哪一個字元。這段過程看起來是不是很像大腦中的神經元及突觸的運作模式？

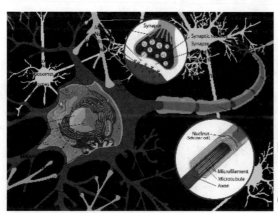

圖 1-4：神經網路

（資料來源：　　　　　）

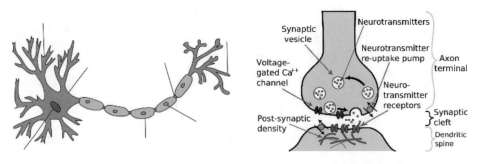

圖 1-5：神經突觸示意圖

（資料來源：）　　　　（資料來源：）

機器學習是什麼？

圖 1-6：ImageNet 資料庫

（資料來源：）

　　2007 年美國普林斯頓大學李飛飛教授和合作夥伴開設了『ImageNet 專案』，建立當時全世界最大的圖像識別資料庫提供機器學習進行辨識。

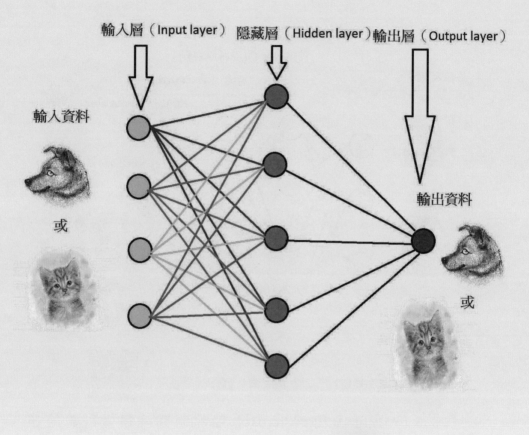

輸入層（Input layer）　隱藏層（Hidden layer）輸出層（Output layer）

輸入資料

或

輸出資料

或

圖 1-7：機器學習示意圖（一）（圖片參考網址：）

　　舉貓、狗辨識的神經系統為例，輸入神經元（Input layer）被輸入的狗或貓圖像所激發，在激勵值被加權，通過一個函式，這些神經元激勵值被傳遞到另一些隱藏神經元（Hidden layer），直到輸出神經元（Output layer）被激發，輸出神經元依據激勵值決定辨識出是狗或貓。

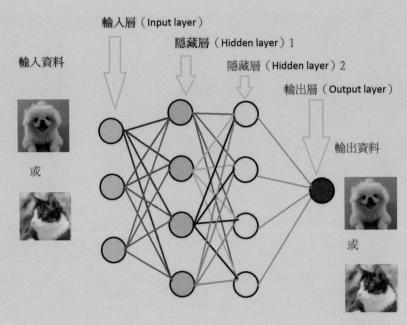

輸入層（Input layer）

隱藏層（Hidden layer）1

隱藏層（Hidden layer）2

輸出層（Output layer）

輸入資料

或

輸出資料

或

圖 1-8：機器學習示意圖（二）- 增加隱藏層　（圖片參考網址： ）

2015 年 12 月 10 日，Microsoft 亞洲研究院視覺計算組在 ImageNet 計算機辨識挑戰比賽中，以 152 層神經網路系統，獲得圖像分類、圖像定位及圖像檢測的冠軍。

機器學習、深度學習差異

機器學習、深度學習的差異，在於深度學習較機器學習多了很多隱藏神經元，且機器學習的輸入資料，必須由人來標示特徵值，加以訓練機器，機器才能進行辨識。深度學習的輸入資料，是不需要由人

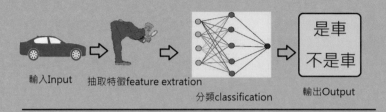

機器學習(Machine learning)

輸入Input　抽取特徵feature extration

分類classification

是車
不是車

輸出Output

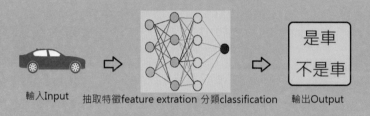

深度學習(Deep learning)

輸入Input　抽取特徵feature extration　分類classification

是車
不是車

輸出Output

圖 1-9：機器學習與深度學習比較 (圖片參考網址：　　　　)

來標示特徵值，直接由機器自行找出特徵值而自我訓練，機器就能進行辨識。

如何培養 AI 素養？

108 課綱融入資訊教育，而 AI 素養的教育十分重要。但是不是每個同學都一定要寫程式才能學 AI 呢？其實喜歡國文或英文等非資訊科技學科的同學只需要認識 AI，在未來職場能夠與 AI 領域工作人員溝通順暢即可。AI 能夠做什麼？不能夠做什麼？下一個章節，我們開始來認識 AI 能與不能。

測驗

選擇題

1. ____ 第一波人工智慧的發展，為什麼在 1974 – 1980 年進入低潮期？
A. 當時電腦計算速度慢、儲存空間太小、數據量也太少。
B. 人類無法說清楚、講明白自己的思考過程。
C. 電腦解決問題，運用符號邏輯學的 True 與 False，無法理解所有的問題。
D. 以上皆是。

2. ____ 第二波人工智慧的發展，為什麼在 1987 – 1993 年又進入低潮期？
A.「機器學習」（Machine learning）太難學了。
B. 電腦專家系統（Expert System）沒有自行學習能力，太多問題無法解答。
C. 電腦硬體太貴了。
D. 不能把電子郵件分成垃圾郵件與非垃圾郵件。

3. ____ 史丹佛大學（Stanford University）的 Face2Face 將一個人的臉部表情移植到視頻上另一個人的臉上，是
A. 使用 Adobe Photoshop 軟體。
B. 使用 Adobe Illustrator 軟體。
C. 處理資料時的「特徵值」，可以由機器自己學習而得。
D. 使用 Adobe premiere 軟體。

4. ____ 人工智慧 (Artificial intelligence)、機器學習 (Machine learning)、深度學習 (Deep learning) 的關係是
A. 深度學習包含機器學習，機器學習包含人工智慧。
B. 人工智慧包含深度學習，深度學習包含機器學習。
C. 機器學習包含人工智慧，人工智慧包含深度學習。
D. 人工智慧包含機器學習，機器學習包含深度學習。

5. ____ 以下何者為正確？
A. 深度學習 (Deep learning) 的輸入資料，是必須由人來標示特徵值，加以訓練機器，機器才能進行辨識。
B. 機器學習 (Machine learning) 的輸入資料，是不需要由人來標示特徵值，直接由機器自行找出特徵值而自我訓練，機器就能進行辨識。

C. 機器學習 (Machine learning) 的輸入資料，是必須由人來標示特徵值，加以訓練機器，機器才能進行辨識。

D. 機器學習 (Machine learning) 和深度學習 (Deep learning) 是一樣的。

測驗答案：1.D 2.B 3.C 4.D 5.C

⚙ 延伸思考

智慧家庭的冷氣機，你認為達到什麼樣的功能才具備人工智慧？

☞ 參考資料

了解人工智慧的第一本書：機器人和人工智慧能否取代人類？，作者：松尾豐，譯者：江裕真，出版社：經濟新潮社，出版日期：2016/08/11

機器學習入門：從玻爾茲曼機器學習到深度學習，作者：大 真之，譯者： 許郁文，出版社：碁峰，出版日期：2018/04/17

白話大數據與機器學習，作者：高揚，衛崢，尹會生，繪者： 萬娟，出版社：碁峰，出版日期：2017/06/21

機器學習：探索人工智慧關鍵，作者：Ethem Alpaydin，譯者： 蕭俊傑，劉一慧，出版社：財團法人臺灣金融研訓院，出版日期：2018/02/09

AI 人工智慧的現在 · 未來進行式：一目了然！最新發展應用實例，6 大核心觀念全面掌握 AI，生活 · 商業 · 經濟 · 社會大革新！，作者：古明地正俊，長谷佳明，譯者： 林仁惠，出版社：遠流，出版日期：2018/01/27

從人到人工智慧，破解 AI 革命的 68 個核心概念：實戰專家全圖解 ✕ 人腦不被電腦淘汰的關鍵思考。作者：三宅陽一郎，森川幸人，原文作者：Youichiro Miyake, Yukihito Morikawa，譯者：鄭佩嵐，出版社：臉譜，出版日期：2017/05/06

波士頓動力機器人首次商用，Google 後悔了嗎？｜TechNews 科技新報

科學月刊：機器是如何學習與進步？人工智慧的核心技術與未來

索菲亞 (機器人) - 維基百科，自由的百科全書

人工智能 70 年：科幻和現實的交融 - BBC News 中文

人工智慧 - 維基百科，自由的百科全書

厲害了，人工智慧——人工智慧發展簡史（一）- 每日頭條

圖靈測試 - 維基百科，自由的百科全書

從人工智慧、機器學習到深度學習，你不容錯過的人工智慧簡史 - INSIDE

中文房間 - 維基百科，自由的百科全書

機器是如何學習與進步？人工智慧的核心技術與未來 - 科學月刊 Science Monthly

人工智慧史 - 維基百科，自由的百科全書

人工智慧、機器學習與深度學習間有什麼區別？｜NVIDIA 臺灣官方部落格

科技部 AI TAIWAN 全球資訊網

人工智慧的優勢

AIoT 樂活共生應用團隊創辦人　蘇中聖先生

 前言

　　為了讓高中職同學將自己的興趣及專長和 AI 接軌，在未來充滿新興科技的職場中佔有一席之地，對 AI 有進一步瞭解，首先以淺顯易懂的方式，介紹機器學習的分類：監督式學習（Supervised learning）、非監督式學習（Un-supervised learning）、半監督式學習（Semi-supervised learning）及強化式學習（Reinforcement learning）。接著，再以國外的生成對抗網路（Generative Adversarial Network, GAN）有趣範例，啓發高中職同學的學習興趣。最後，以國內 AI 發展的實際案例，汽車影像辨識、斷層掃描圖像、標註資料與影像辨識模型訓練等，提供高中職同學未來就業及升學參考。

教材內容

2-1 機器學習的學習方式分類

在孩子接觸到組裝式玩具時，有些孩子會先看組裝手冊，再依照手冊內容，一步一步完成玩具組裝，也有些孩子不會先去看手冊，直接就開始組裝玩具了，在組裝過程中，會發生許多次錯誤，經由不斷的試誤學習 (Trial and Error)，最後也能完成玩具組裝。

大人也有同樣的情況，買回來的音響設備、組裝式家具，有些人會去查看組裝及操作手冊，一步一步完成組裝及操作，有些人不會去看手冊，直接就開始組裝及操作起來了，最後往往也能將家具組裝完成。

機器學習的學習過程也是如此，AI 工作人員會依照資料類型及追程中可能遇到的問題，選擇不同機器學習模式。

◆ 監督式學習 (Supervised learning)

想像一個孩子出生到長大，都是大人直接告訴他該怎麼做，一個口令，一個動作。

監督式學習的演算法使用有標註（labeled）的資料來進行學習，所有用來訓練演算法的資料都有標準答案，提供機器學習輸出時判斷誤差，以提升預測精準程度，就好像學生參加模擬考後，可以根據正確答案比對誤差，未來在學測時成績就會比較好。任意選出 1000 張貓與狗照片，標註哪些是貓，哪些是狗，輸入電腦後，電腦開始學習辨識貓與狗的外表，把經過標註的照片特徵（feature）進行分類，未來進行辨識時，根據這些特徵（四隻腳、尖耳朵、長鬍子），就可

以辨識出圖中的貓或狗。人工先行分類，對電腦演算法比較簡單，但對人來說，先行處理資料比較辛苦些。

監督式學習多用於處理分類及迴歸問題，例如用手機拍攝花卉、動物或是酒瓶標籤，可以出現對應的花卉、動物、酒的名稱及相關資訊。

◆ 非監督式學習（Un-supervised learning）

想像一個孩子出生到長大的過程，大人都不告訴他如何做，完全自己在嘗試錯誤中學習 (Trial and Error)。

非監督式學習是在提供沒有標註資料的情況下，讓電腦演算法自行在資料中找出特徵及模型，機器必須自己尋找答案，在辨識及預測時也花許多時間達到正確結果，例如模擬考後沒有提供答案，學生考後不能依此比對誤差，未來可能也會花比較多時間才能提升學測成績。任意選出 1000 張沒有標註的貓與狗照片，輸入電腦後，電腦開始學習辯識貓與狗的外表，因為照片沒有標註，電腦演算法必須自行把照片內的特徵分類，才能在進行辨識時，找尋這些特徵（4 隻腳、尖耳朵、長鬍子）辨識出圖中的貓或狗。這種方法沒有經過人工分類，對人類來說不用先標註資料，可是對電腦演算法來說花費時間比較長。

◆ 半監督式學習（Semi-supervised learning）

　　想像一個孩子出生到長大的過程，大人僅在剛開始時告訴他怎麼做，大部份由他自己去 Trial and Error。

　　半監督式學習提供機器少部份有標註特徵及模型的資料，讓電腦演算法在剩下大部份沒有標註的資料中尋找答案，即結合監督式與非監督式學習的應用。任意選出 1000 張貓與狗照片，其中 100 張標註哪些是貓，哪些是狗，輸入電腦後，讓電腦學習辯識貓與狗的外表，電腦演算法把照片內的特徵進行分類，再把另外 900 張照片內的特徵取出來進行分類，達成辨識貓狗的結果。只需要少量的人工分類，就可以提升預測精準程度，是目前最常使用的一種方式。

　　電腦斷層掃瞄（Computed Tomography, CT）、磁力共振成像（Magnetic Resonance Imaging, MRI）等醫學影像，放射科醫師只要標註少部份腫瘤、疾病的掃瞄資料，再使用生成對抗網路（Generative Adversarial Network, GAN）讓兩個深度學習網路相互對抗，其一擔任生成器的神經網路模仿訓練資料建立新的資料，另一擔任鑑別器的神經網路評估此新的建立資料是否為仿冒貨，達成提升深度學習網路預測精準程度的目的。

◆ 強化式學習（Reinforcement learning）

　　想像一個孩子出生到長大的過程，每進行一步就檢查是距離

目標更近或更遠，如果更接近目標則給予「正向回饋（positive feedback）」，如果更遠離目標則給予「負向回饋（negative feedback）」，這樣最後的決策就會愈來愈接近正確的答案。

強化式學習以獎勵方式來訓練電腦演算法，是「非監督式學習」的一種。如同電玩經常對有提高功力的玩家提示，完成一個任務，提升到某個等級就有獎勵，這些提示協助玩家學習如何為了闖下一關而增強自己的功力。強化式學習如同電玩的設計概念，電腦演算法會試著預測完成特定目標的最佳方法，對完成目標採取行動時會獲得獎勵，再預測下一個最佳步驟逐步獲得最大的終極獎勵。因此，下圍棋或西洋棋時，AI 會依照對手的每一步棋來修正下一步要如何走。市場上的自動駕駛車，也是依照路況的變化來修正下一步行動。

DeepMind 公司建立於 2010 年，於 2014 年為 Google 公司收購。他們如何訓練強化式學習？掃描一下 QR code 看看吧！

 掃瞄 QR-Code，觀看 DeepMind 公司如何訓練強化式學習

我們能發現高中生物所學的大腦中神經元及突觸的運作模式，和 AI 演算法的類神經網路（Artificial Nueral Network，ANN）是如此相似，這是因為類神經網路模仿大腦的神經結構、思維模式及特徵抓取方法。

黃士傑教授與 DeepMind 團隊研發 AlphaGo 擊敗世界圍棋高手，讓世界再次點起 AI 研究熱潮，也帶動相關技術語音辨識（Speech recognition）、影像辨識（Image recognition）及自然語言處理（Natural Language Processing, NLP）迅速蓬勃發展。

接著，我們來看看國外的關於 AI 技術應用範例。

2-2 生成對抗網路

伊恩·古德費洛（Ian J. Goodfellow）是 Google Brain 研究科學家，在機器學習領域有許多貢獻，目前是蘋果公司（Apple Inc.）Special Projects Group 機器學習負責人。他最重要的發明生成對抗網路 (Generative Adversarial Network,GAN)，是實現非監督式學習的關鍵。

2014 年，伊恩·古德費洛（Ian J. Goodfellow）想出一個點子，讓兩個神經網路互相對抗會發生什麼事呢？結果就是生成對抗網路程式的問世。生成對抗網路的原理演算是什麼？簡單來說，讓一個神經網路擔任模仿圖片的偽造者，也就是生成器（Generator），另一個神經網路如同鑑定師，也就是判別器（Discriminator），負責判斷此模仿的圖片與真實圖片是否一樣，如果不一樣的話，生成器必須再模仿出另一張圖片，給判別器再鑑定，直到判別器無法判斷真偽時才停止。華盛頓大學機器學習研究員佩德羅·多明戈斯（Pedro Domingos），認為 GAN 也不是萬能的，神經網路設計和訓練的難度及不穩定性，也可能造成 GAN 最後生成明顯不像人的人，不像貓的貓，不像狗的狗等不穩定的狀況。

即使如此，Facebook 公司人工智慧首席科學家楊立昆（Yann LeCun）仍認為 GAN 是近 20 年來深度學習領域最讚的想法。建立線上教育平臺 Coursera 的吳恩達（Andrew Ng），史丹佛大學計算機科學系教授及人工智慧實驗室主任，也認為 GAN 是 AI 領域非監督試學習的一項重大且根本性的進步。

掃瞄 QR-Code，觀看生成對抗網路

◆ Deepfake 深度學習技術的影響

Deepfake 是一種將影片中人物換臉的深度學習技術，在機器學習了某一人臉部每一個角度的大量照片之後，經由演算法生成各種表情，冉對影片中原人物臉部表情進行完全一致的臉部動作模仿，影像生成後，會讓觀眾感覺影片中人物的臉已經被換成另一個人的臉。

Deepfake 採用生成對抗網路技術，若應用在電影產業，可以省下不少重拍電影片段的時間。

掃瞄 QR-Code，觀看 Deepfake 深度學習技術 01

掃瞄 QR-Code，觀看 Deepfake 深度學習技術 02

◆ 對抗性貼紙

深度神經網路（Deep Neural Network, DNN）使 AI 在影像辨識、語音辨識及文字分析等應用取得進展，可應用於辨識行人、車輛

及道路標誌；但 DNN 也會受到對抗性樣本（adversarial example）的影響，例如，自動駕駛汽車的感知系統可能會因為用路人使用對抗性貼紙，而將分類道路標誌辨識錯誤，造成車禍。

在下面的掃瞄 QR-Code 影片中，可以看到機器原本可以辨識出人的影像，但居然因為對抗性貼紙，而辨識不出人了。

掃瞄 QR-Code，觀看對抗性貼紙的影響

隔牆透視技術

麻省理工學院（Massachusetts Institute of Technology, MIT）計算機科學及人工智慧實驗室（Computer Science and Artificial Intelligence Laboratory, CSAIL）研究團隊使用 RF-Pose AI 訓練機器無線感應人的姿態及運動，利用網際網路時代無處不在的 Wi-Fi 訊號，再靠軟體分析 Wi-Fi 訊號變動狀況，人移動時，頻率場會隨之扭曲，再隨著移動反射和折射波，可用於判斷是否有不明人士入侵狀況，或家中成員回到家中時，自動開啟空調、燈光或居家老人防摔倒的偵測。

國外的 AI 應用範例，是不是很有趣呢？接下來，藉由國內 AI 發展狀況，同學們也可以更加精確規劃未來職涯發展方向。

掃瞄 QR-Code，觀看隔牆透視技術

2-3 影像辨識、語音辨識及自然語言處理國內企業

1. 汽車影像辨識 AI 應用

　　AI 為自動駕駛輔助系統 (Advanced Driver Assistance Systems, ADAS) 中扮演重要角色，相當於為車輛裝上眼睛，採用深度學習技術，辨識行車影像中的汽車、機車、行人與號誌等物件，並將此演算法建構於行動裝置專用晶片 (GPU) 以達即時偵測及對向車輛預警效果。

圖 2-1：汽車影像辨識
（圖片由慧穩科技股份有限公司提供）

2. 斷層掃描圖像 AI 應用

　　腦中風和頭部重創導致的大面積顱內出血具有高致命性，醫療人員須在黃金搶救時間內對病患實施即時診斷及處置。藉由深度學習技術，AI 可在第一時間分析病人頭部斷層掃描圖像，鑑別是否有疑似顱內出血情形，供醫師進一步詳細判讀。圖例為五種顱內出血類型，這在監督式學習的分類問題上是典型的多標籤分類資料，即每個樣本不限只有單一標籤，目前長庚、臺大、萬芳等醫院進行應用。

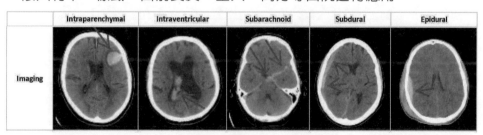

圖 2-2：醫療 AI 應用
（五種顱內出血的類型〔圖片修改自 https://bit·ly/2Fbtw0J〕，由蔡志順老師提供）

3. 刷臉門禁系統 AI 應用

透過高精準的臉部偵測及臉部辨識技術，可打造企業門禁系統，提供企業用戶更加便捷且精準的門禁及員工差勤解決方案。

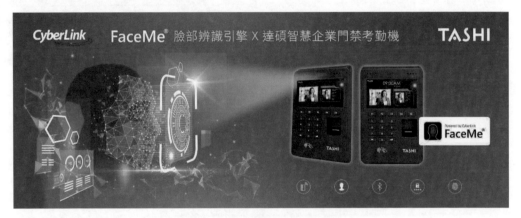

圖 2-3：臉部辨識門禁系統產品

（圖片由訊連科技股份有限公司提供 FaceMe® 臉部辨識引擎獲達碩智慧科技（TASHI）採用，導入達碩首款內建人臉辨識功能之企業門禁考勤機 MT 430。透過 FaceMe® 高精準的臉部偵測及臉部辨識技術，打造刷臉門禁系統。）

AI 能與不能？首先要將資料輸入給 AI 機器，所輸入的資料必須預先整理，甚至要將資料標註特徵值。因為 AI 機器無法無中生有。

同時，AI 的優勢在影像辨識、語音辨識及自然語言處理等應用，不過容易受到情緒影響的資料比較不穩定，例如：語氣、表情、同理

心，這些都不是 AI 的專長領域。

有「AI 大神」、「Google Brain 之父」美名，機器學習全球領導人物 - 吳恩達 2019 年 2 月 7 日來臺灣演講時，曾經說：『Start from Small』(循序漸進)，從小地方開始應用 AI，在拓展至其他領域，建議高中職同學從現在開始，嘗試把自己的專長領域知識（Domain knowledge）結合 AI 應用瞭解 AI 價值，也許能進一步發現許多新興科技的有趣之處。

測驗

選擇題

1. ＿＿＿ 下面那一項比較接近監督式學習（Supervised learning）？
A. 有些孩子組裝玩具不會先去看組裝手冊，直接就開始組裝玩具了，在組裝過程中，會發生許多次的錯誤，經由不斷的 Trial and Error，完成組裝的動作。
B. 有些孩子騎腳踏車是獨自去學騎腳踏車，經過一路上的跌跌撞撞，學會騎腳踏車。
C. 有些人買回來的音響設備、組裝式家具不會去看手冊，直接就開始組裝及操作起來了，最後組裝完成。
D. 孩子出生到長大的過程，直接告訴他怎麼做，一個口令，一個動作。

2. ＿＿＿ 下面那一項比較接近非監督式學習（Un-supervised learning）？
A. 孩子到了學騎腳踏車的時候，家長會在旁邊協助。有些孩子會一直希望家長在旁邊扶持，直到完全會騎腳踏車。
B. 買回來的音響設備、組裝式家具，有些人會去查看組裝及操作手冊，一個步驟一個步驟的組裝及操作。
C. 孩子出生到長大的過程，不告訴他如何做，完全自己 Trial and Error。
D. 有些孩子接觸到組裝式的玩具時會先看組裝手冊，再依照手冊內容，一個步驟一個步驟的組裝玩具。

3. ＿＿＿ AI 下圍棋或西洋棋時，依照對手的每一步棋來修正下一步要如何走，是什麼學習模式？
A. 非監督式學習（Un-supervised learning）。
B. 半監督式學習（Semi-supervised learning）。
C. 強化式學習（Reinforcement learning）。
D. 監督式學習（Supervised learning）。

4. ＿＿＿ 黃士傑教授與 DeepMind 團隊研發 AlphaGo 擊敗世界圍棋高手之後，、那一個不是 AI 應用迅速蓬勃發展的項目？
A. 影像辨識（Image recognition）。
B. 自然語言處理（Natural Language Processing, NLP）。
C. 語音辨識（Speech recognition）。
D. 區塊鏈（Block chain）。

5. ＿＿＿ 以下何者不是 AI 的專長領域？
   A. 刷臉門禁系統 AI 應用。
   B. 智慧語音 AI 應用。
   C. 精神病患的情緒 AI 檢測。
   D. 產線瑕疵 AI 辨識或醫療影像疾病 AI 檢測。

測驗答案：1.D 2.C 3.C 4.D 5.C

⚙ 延伸思考

咖啡機如果具備 AI 功能，你認為要有什麼條件？
（用文字描述運作過程）

☞ 參考資料

迎接 AI 新時代：用圍棋理解人工智慧，作者：王銘琬，出版社：遠流，出版日期：
2017/05/25

情感運算革命：下一波人工智慧狂潮，操縱你的情緒、販售你的想法，將是威脅還
是機會？，作者：理查・楊克（Richard Yonck），譯者：范堯寬，林奕伶，出版社：
商周出版，出版日期：2017/12/09

AI 導入起手式：人工智慧扭轉企業未來，作者：野村直之，譯者：陳令嫻，出版社：
旗標，出版日期：2019/02/22

智能商業模式：阿里巴巴利用數據智能與網絡協同的全新企業策略，作者：曾鳴，
譯者：李芳齡，出版社：天下雜誌，出版日期：2019/01/21

設計聊天機器人：建立對話式體驗，作者：Amir Shevat，譯者：黃朝秋，賴薇如，
出版社：歐萊禮，出版日期：2018/05/24

AI 同僚：我的同事不是人！AI 進入企業早已成真，人工智慧正在做什麼，我們又能
做什麼？，作者：Nikkei Top Leader、Nikkei BigData，譯者：郭家惠，出版社：
PCuSER 電腦人文化，出版日期：2018/09/29

監督式學習 - 維基百科，
自由的百科全書

Deepfake 技術可換臉、
換聲音！美學界砸重金
打假，籲全民正視此課
題 | TechOrange

黃士傑：我是 AlphaGo
的黃博士 | 天下雜誌

學界｜幾張貼紙就讓神
經網路看不懂道路標誌，
伯克利為真實環境生成
對抗樣本 - Toments 找
話題

生成對抗網絡 - 維基百
科，自由的百科全書

隔著牆也能看清你的姿
勢 人工智慧如何練就
「穿牆透視」- 每日頭
條

29 歲就做出近 20 年最
重要 AI 突破，讓人類
CONNECT with AI 的
男 人 Ian Goodfellow |
TechOrange

監督式學習、非監督式學習、半監督
式學習與強化學習這四者間的區別 |
NVIDIA 臺灣官方部落格

Deepfake - 維基百科，
自由的百科全書

監督式學習？增強學
習？聽不懂的話，一定
要看這篇入門的機器學
習名詞解釋！- INSIDE

單元三

大數據科學

臺北市 3A 科技教學基地中心　曾慶良主任

前言

　　近年大家常常聽到巨量資料、數據挖掘、人工智慧、機器學習和大數據這些讓人耳熟能詳的流行術語，他們的定義、關聯及未來應用，與高中職學生未來生活、升學與就業有何關聯？例如，大數據應用技術中，Google Form、SurveyCake(大數據取得工具)、Apache Hadoop(大數據儲存工具)、Hadoop MapReduce、 Spark(大數據分析工具)、Tableau(資料分析工具)、Wordcloud(大數據視覺化工具)，以及這些新興科技與未來職業的連結，應該是閱讀本書的大家最想要知道的。現在，就讓我們瞭解這些關鍵知識，來增加你的學習力吧！

教材內容

3-1 巨量資料與數據挖掘

大數據科學被視為人工智慧發展為關鍵的核心，在瞭解什麼是大數據之前，你更應該瞭解什麼是數據科學 (Data Science)？

近年人工智慧研究興起，很多企業大學以及專業研究單位皆會使用「數據科學」這個用語，來綜括說明他們從事的工作內容或研究領域。例如使用已有或者開發新的數據挖掘技術 (Data Mining)，以統計、數值方法做數據分析 (Data Analysis) 來鑽研數據的意涵等，根據數據科學家康威 (Drew Conway) 的論點，數據科學需具備三個範疇的知識：數學與統計 (Math and Statistics Knowledge)、編程與電腦科學 (Hacking Skills) 以及實務知識 (Substantive Expertise)。

（圖 3-1：康威（Drew Conway）提出數據科學需要融合三個範疇的知識圖）

以往在沒有「數據科學家」這個新興職位前，當一間證券、保險或者民調公司要招聘數據分析人員，一般都會使用數據分析師 (Data Analyst)、商業分析師 (Business Analyst)、統計學家 (Statistician) 或者電腦科學家 (Computer Scientist) 等職稱；傳統的數據分析人員通常只具備數學統計或電腦科學知識，很少有兩者兼備的人才，但這就造成了一個新問題：我們有學數學統計出身的分析師，他們很擅長利用各種分析技巧及統計學模型去解釋、演繹數據，但對如何有效整理大量多樣化數據卻毫無頭緒；另一方面，電腦科學

出身的人員善於透過編程整合和整理不同來源的數據，提升分析海量數據的效率，但對於如何把原始數據轉化為有價值的資訊卻不是他們的專長。

　　隨著近年機構企業可收集的數據變得越多越複雜，這種情形越常發生，學習了統合性的知識所造就的「數據科學家」，是一個比一般程式設計師更懂統計學，或比一般統計學家更會編輯程式的人，這種人才也是我們常常講的「π 型人」：精通雙專長，橫跨雙領域可產生兩倍以上價值的人才，唯有跨專長、跨領域、跨視野、跨技能、跨文憑、跨語文的能力及思維，可將兩種以上能力相互結合，發揮「一加一大於二」的效果。康威更指出，如果只會其中兩個領域，有可能落入企業不缺此種人才的危險區域（danger zone），而被具有人工智慧的機器取代，或是只能做傳統研究工（traditional research）的困境，必須三個領域都具備一定程度的專長，才能勝任巨量資料科學家的工作；作家兼資訊科技研究者 M 提姆·瓊斯（M·Tim Jones）也指出巨量資料科學家除具備專業知能外，還須具備藝術思考、團隊合作與善於溝通的個人特質；臺灣大學化工系呂宗昕教授在他所著的《π 型人—職場必勝成功術》一書中提出幾個具體建議：

1. **充實基礎知識**

   各領域均有必學的基礎知識，懂得基礎知識，才有能力修習進階知識。以基礎知識建立起穩固的地基，才能搭蓋出高聳入雲的專業知識大樓。

2. **精通第一專長**

   別在同一時間學習太多不同專長，這將使自己疲於奔命。先全力

培養第一專長，徹底熟悉並深入理解該專長的知識與技能。

3. 學習第二專長

在學校內，可以透過自學與選修科目來學習第二專長；在職場中，可以參加各類訓練班、在職進修班、學分班、市民大學等單位所提供的課程，修習第二專長，為自己帶來實質的附加價值。

4. 貫通兩大專長

當你兼具雙專長後，應以宏觀的角度審視這兩大專長，尋找兩者之間可相輔相成之處，將兩大專長的知識重新排列重組，充分融會貫通。

5. 尋找發揮舞臺

當你養成雙專長的絕世武功後，還需要欣賞你能力的伯樂，也需要可供你發揮實力的舞臺。請積極與主管溝通，爭取更具挑戰性的任務及職位，使自己的雙專長淋漓盡致地施展。

以上就「大數據科學」與「數據科學家」以及未來升學和就業做簡略性的介紹和學習建議。那麼，接著從造就「人工智慧」這一切風潮的源頭，開始認知何謂「大數據」，以及大數據科學的蔓延。

3-2 大數據 4V — Volume、Variety、Velocity、Veracity

有人說這個世界的秩序是由「大數據」信息所構成的，這個觀點在未來應該會看到更多的論證，從工業革命開始到現今，許許多多的數據累積成現今的經驗，或者對於解決未知事務的預判；從教育、工商業到科學，這種影響無處不在，這個被科學家和計算機工程師創造的新名詞，究竟是什麼呢？

大數據又稱巨量資料，指的是所涉及的數據資料量規模巨大到無法通過人腦甚至主流軟體工具，在合理時間內達到擷取、管理、處理、並整理成為幫助決策目的的資訊；而大數據技術則是指從各式各樣類型的大數據中，快速獲得有價值信息的技術，這其中包括數據的採集、存儲、管理、分析挖掘、可視化等技術之集成，例如我們使用大規模資料庫、數據挖掘電網、分布式文件系統、分布式資料庫、雲計算平臺、網際網路和可擴展的存儲系統等。

以下我們會用四個 V 來具體說明大數據的四個特徵：

1. Volume：**數據量體巨大**

大數據的數據集規模，一般約在 10TB 規模左右，但在實際應用中，多把多個數據集放在一起，已經形成了 PB(Petabyte) 級的數據量【表 3-1】，不管是郵件發送、視頻上傳，還是人們每天線上搜尋結果，乃至自動駕駛汽車每天的數據收集，我們會發現，網際網路時代形成的數據量簡直多到不可思議，隨著物聯網基礎設施、智慧型手機及可穿戴設備等科技產物的普及，我們每個人時刻都在產生大量的

單位	轉換
1 Byte	8 Bits
1 Kilobyte(KB)	1024 Bytes
1 Megabyte(MB)	1024 KB
1 Gigabyte(GB)	1024 MB
1 Terabyte(TB)	1024 GB
1 Petabyte(PB)	1024 TB
1 Exabyte(EB)	1024 PB
1 Zettabyte(ZB)	1024 EB
1 Yottabyte(YB)	1024 ZB

（表 3-1：儲存容量單位對照表）

數據。據國際數據資訊公司（Internet Data Center, IDC）預測，在 2025 年時，全世界每個聯網使用者每天平均會有 4909 次數據互動，是 2015 年的 8 倍之多，相當於每 18 秒產生 1 次數據互動，而搜尋引擎已經成為人們尋找日常解決方案的重要渠道，有事沒事搜一下已經成為工作與生活的常態，特別是智慧型手機的普及，讓我們隨時隨地都在產生搜索數據，據線上平臺廣告行銷公司 Smart insight 的估計，目前全球網路使用者平均每天可達 50 億次網路搜尋動作。

2. Variety：數據類別多樣

數據類別多樣指的是數據可來自多種數據源，近年數據種類和格式日漸豐富，已衝破了以前所限定的結構化數據範疇，甚至囊括了半結構化和非結構化數據，現在的數據類型不僅有文本形式，還有圖片、視頻、音頻、地理位置信息等多類型的數據，其中以「量身訂做」為目的的個性化數據占絕對多數，這是因為每個人對於聯網的需求都不盡相同所致，收發電子郵件、搜尋個別化服務，每一個聯網載體時時刻刻都有產生及接收數據的需求。

3. Velocity：處理速度快

　　即使在數據量非常龐大的情況下，也能夠做到數據的即時處理，這種數據處理遵循「1 秒定律」：即資料處理速度一般要在秒級時間範圍內給出分析結果，時間太長就失去價值了。這個速度要求就是大數據處理技術和傳統數據挖掘技術最大的區別。

　　以往數據處理一直受限於兩個方面：一個是以處理器為代表的硬體限制，另一個是以數據庫為代表的軟體技術的限制。硬體限制就像我們的高速公路出入站，從不同匝道蜂擁而來的車輛，卻只有一個出入口通過，必然會帶來漫長的擁堵；而軟體限制涉及海量數據存儲技術、即時數據處理、高性能存儲技術、檢索技術、挖掘與分析技術等，數據經歷了若干階段才得以實現運算結果；不過由於軟、硬體以及演算法的進步，即時處理已變得越來越容易。

4. Veracity：數據真實性存疑

　　當資料的來源變得更多元時，這些資料本身的可靠度及品質是否經得起驗證？若資料本身就是有問題的，那分析後的結果也不會是正確的，隨著社交數據、企業內容、交易與應用數據等新數據源的興起，傳統數據源的局限被打破，確保數據真實性及安全性就顯得愈發重要，如何確保這些資料數據真實性，和根據它們所做的分析是否可信，成為大數據要面臨的一大挑戰。

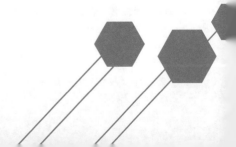

3-3 大數據挖掘、處理、分析工具

　　大數據應用是指針將特定的數據資料集成于應用大數據，以獲得有價值信息的技術。對於不同研究領域、不同行業、不同業務，或同一領域不同公司的相同業務來說，由於其研究需求、數據集合和分析挖掘目的間的差異，所運用的大數據技術和大數據信息系統也可能有著相當大的不同。

　　大數據強調的不是數據如何定義，而是如何使用，最大的挑戰在於判斷哪些技術能更好地使用數據，以及大數據最適切的應用情況，與傳統的資料庫相比，開源的大數據分析工具顯得格外重要，例如 Hadoop 為 Apache 軟體基金會底下的一個開放原始碼，具社群基礎，而且完全免費的軟體，是一個能夠儲存並管理大量資料的大數據框架，被各種組織和產業廣為採用，非常受歡迎，其崛起也說明了非結構化數據服務的價值。

　　在說明如何收集數據之前，首先就要大數據的類型進行分類：

1. **傳統企業數據：**包括消費數據、庫存數據以及帳目數據等。

2. **機器和傳感器數據：**包括呼叫記錄、智慧儀表、工業設備傳感器、設備日誌、交易數據等。

3. **社交數據：**包括用戶行為記錄、反饋數據等，如 IG(Instagram)、Facebook 這樣的社交媒體平臺。

　　大數據的收集、處理、分析步驟大致有四：

第一步：取得數據

　　人們隨時隨地都在產生數據，就連你上學時的行走路線，都可以成為商家選擇新店地址的參考資料，若是擁有大量使用者的企業，蒐集顧客的活動紀錄就可達到以數據預測未來市場需求的目標；若是較小型的企業，也可以主動邀請使用者填寫問卷，逐步累積資訊量以取得數據。

第二步：儲存數據

由於資料量龐大，突破儲存技術限制是大數據應用領域的第一個難關。處理大數據時人們多使用分散式處理系統，透過分割資料與備份儲存，突破記憶體過小的障礙。

第三步：運算數據

為達成預測未來的目的，計算機器可以透過分類、迴歸分析、排序、關聯分析等方式找出其中規律，並運用決策樹、遺傳演算法、人工神經網路等模型進行計算。

第四步：視覺化數據分析

經過分析後的數據仍是數字與列表，不易閱讀，因此可搭配視覺化工具，將數據轉化為較容易閱讀與理解的形式。

最後，引用業界大數據應用公司 (LargitData) 推薦常用的工具，給有需要的學習者參考：

1. 推薦大數據取得工具： Google Form 與 SurveyCake

除了 Amazon(Amazon.com, Inc.)、Facebook 等擁有大量使用者而能快速累積資料的大企業，一般企業可以用統計軟體取得資料，或請目標客群填寫問卷，持續累積資料量，推薦工具包括：Google Form、SurveyCake 等，可以讓使用者免費製作線上問卷並提供簡單的問卷結果統計與分析。

2. 推薦大數據儲存工具： Apache Hadoop

目前最常見的大數據轉體技術為 Hadoop，是由 Apache 軟體基金會使用 Java 語言發展的軟體框架，並開放原始碼供人免費使用。

Hadoop 使 用 分 散 式 檔 案 系 統 (Hadoop Distributed File System, HDFS)，在儲存資料時，會將同一份檔案切割成小份，將每一小份製作多個備份後分別儲存在不同位置。即使部分資料損毀，也可使用其他備份重製出完整的資料。這種儲存技術被用於突破巨量資料難以儲存的困境，同時確保資料的完整性，因此能成功累積資料並持續增加資料內容。

3. **推薦大數據分析工具**：Hadoop MapReduce 與 Spark

　❶ Hadoop MapReduce：Hadoop MapReduce 是 Hadoop 的延伸項目之一，可將儲存在 HDFS 中的資料調出、統計、處理後再回傳數據。整個 Hadoop 系統使用 HDFS 儲存資料，並交由 Hadoop MapReduce 處理資料，Hadoop MapReduce 為最常見的大數據分析軟體之一。

　❷ Spark：Spark 是近年新型的大數據分析軟體，最快運算速度比 Hadoop MapReduce 還快近 100 倍。由於 Hadoop MapReduce 在運算的同時儲存資料，資料需在記憶體與處理器之間不斷轉化。而 Spark 使用記憶體內運算技術，可直接在記憶體內運算，因此省下資料轉換時的能源與時間。

　　不過 Spark 只能分析大數據，不能儲存大數據，使用時仍須搭配 HDFS 儲存系統，這也是 Hadoop 難以被取代的主要原因。

4. **推薦大數據視覺化工具**：Tableau 與 Wordcloud

　❶ Tableau：Tableau 可將大數據轉換為圖表、地圖等視覺化資料，並可以配合多種資料形式，包括 Excel、txt、xml 等，即使沒有科技背景的使用者也很容易操作，僅需平移、拖放等操作，就能呈現已分析過的資料。

　❷ Wordcloud：Wordcloud，又稱為文字雲，用簡單易懂方式呈現單一字詞在文件中出現的次數多寡與比例，是常見的大數據視覺化方式，目前網路上也可找到處理少量資料的文字雲製作工具。

3-4 資料探勘與人工智慧

人工智慧發展所取得的大部分成就都和大數據密切相關，通過數據資料的獲取、處理及分析，再從各行各業的海量資料中，獲得有價值的訊息，為更高級的演算法提供素材。

大數據是收集數據和資料的技術，它並不會根據結果採取行動，只會尋找。它被用於定義龐大且多樣的數據條。在大數據集中，可存在結構化數據，如關係資料庫中的事務數據，以及結構化或非結構化數據，例如圖像、電子郵件數據、傳感器數據等。

而人工智慧是機器收集數據後的科技，它允許機器執行認知功能，例如對輸入資料作出反應，就像人類一樣，人工智慧系統會根據數據的改變而不斷改變機器的行為，以適應調查結果的變化，並修改機器輸出的反應。

大數據與人工智慧最主要的區別是，大數據是數據的結構化和集成的資料輸入，而人工智慧則是輸出行為和反饋，即處理數據產生的智慧，兩者有著本質上的不同。

舉例說明大數據和人工智慧的差異：某一線上影視公司透過網路收集人們所觀看的節目以及收視時間等資訊，這就是大數據的應用，而影視公司根據人們觀看的內容瞭解電影或電視節目優點，分析客戶的習慣以及他們喜歡的內容，推斷出目標及潛在客戶並向觀眾精準推薦投其所好的內容，這就是人工智慧的應用。

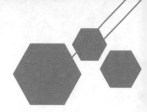

總結

　　總結本單元，未來的職業就如過去由農業社會轉變為工業社會，可能許多行業會因新興科技問世而消失，但也會有許多行業應時代浪潮而興起，大數據及 AI 時代也是如此。如前述，與數據有關的行業會順勢興起等待人們發掘，像是近年來相當熱門的資料科學家、數據分析師、數據工程師等行業，其未來出路與數據科學核心領域技術關聯；又如演算法工程師、機器人工程師、機器視覺工程師等，都是因應人工智慧發展所誕生的新職缺，而這些工作都需要有多重的技能，期待各位同學都能充實自己成為「π 型人」，除了具備基礎應有的能力外也擁有雙重或多重專長，多領域知識、懷有寬廣視野。

選擇題（複選）

1. ＿＿＿ 由康威（Drew Conway）提出融合數學與統計 (Math and Statistics Knowledge)、編程與電腦科學 (Hacking Skills) 以及實務知識 (Substantive Expertise) 的科學稱為（A）統計科學（B）數據科學（C）自然科學（D）人文科學。

2. ＿＿＿ 精通雙專長，可產生兩倍以上價值、橫跨雙領域，可開創兩倍以上市場，唯有跨專長、跨領域、跨視野、跨技能、跨文憑、跨語文的能力及思維；可將兩種能力相互結合，發揮「一加一大於二」的效果的是我們常說的（A）M 型人（B）U 型人（C）π 型人（D）V 型人

3. ＿＿＿ 大數據（Big data）又稱巨量資料，會用哪些具體特徵的來說明：（A）Volume（B）Variety（C）Velocity（D）Veracity。

4. ＿＿＿ 依據儲存容量單位換算，1 Terabyte(TB) 等於多少 Megabyte(MB)：（A）2^5（B）2^{10}（C）2^{15}（D）2^{30}。

5. ＿＿＿ 依據儲存容量單位換算，1 Petabyte(PB) 等於多少 Megabyte(MB)：（A）2^{10}（B）2^{20}（C）2^{30}（D）2^{40}。

6. ＿＿＿ 以下那些是大數據取得的步驟（A）隨機重組數據（B）運算數據（C）儲存數據（D）視覺化數據分析。

7. ＿＿＿ 將大數據轉換為圖表、地圖等視覺化資料，亦或是用字詞來表示在文件中出現的次數多寡與比例，且呈現方式簡單易懂的大數據視覺化工具有哪些：（A）Tableau（B）Spark（C）Wordcloud（D）Hadoop。

8. ＿＿＿ 記錄用戶於網路使用的行為、反饋數據等，如 IG、Facebook 等，稱為（A）社交數據（B）機器數據（C）傳感數據（D）企業數據。

9. ＿＿＿ 在數據量非常龐大的情況下，也能夠做到數據的即時處理（Velocity），對處理速度時間太長就失去價值了，這種數據處理所遵循的是（A）莫非定律（B）牛頓定律（C）虎克定律（D）1秒定律。

10. ＿＿＿ 本質上的區別中，數據的結構化和集成的資料輸入的是（A）人工智慧（B）大數據（C）資料統計（D）消費收據

單元四

人工智慧服務

臺北市 3A 科技教學基地中心　曾慶良主任

行政院主計總處修訂的「行業標準分類」，將原本的「電腦程式設計業」增設人工智慧應用服務產業，說明未來 AI 相關產業所需要的專業人才：

❶核心技術應用（語意／語音／影像）：以各式數量方法、統計模型與仿生物模擬等演算法為基礎發展技術的人才（諸如自然語言處理、機器學習、文字／語音／影像辨識、電腦視覺等），提供演算法調校、模型建構等服務。

❷創新服務應用（領域／其他應用）：利用人工智慧核心技術，基於特定場景開發產品或服務的人才，一般在科技產業和其他類型的領域應用，提供專業分析研究和成功經驗的解決方案。

由政府的這樣分類可以看出「人工智慧服務」日趨重要，本單元將介紹人工智慧的特性、機器學習的技術，以及服務與工業機器人，提供給未來有意從事 AI 相關職志的高中職同學參考。

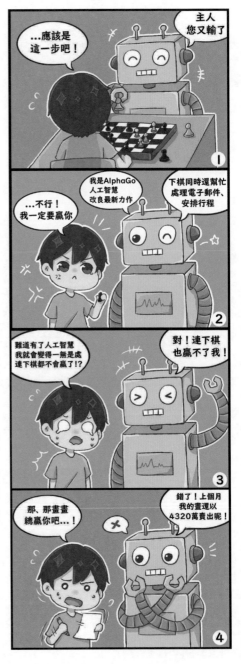

教材內容

4-1 人工智慧服務領域

　　隨著 AI 應用的漸趨成熟，各行各業已著手將其應用於各領域服務中；想像不久後的將來，在你走進一家餐廳，店員引導入坐後，遞上的是一臺聯網的平板載具而不是傳統紙本菜單，到飯店入住時，幫忙 check-in 和拿行李的由服務生變成了 AI 互動機器人，隨著人工智慧應用當道，服務業已進入人機協作時代；以終為始反觀現在中學生的學習，應該用什麼樣的態度、學習什麼樣的內容、選擇什麼樣的科系，才能跟上未來的浪潮而立於時代的尖端？在世界經濟論壇所出版的《未來工場》報告中，2019 年必要的十大技能及策略，述及未來工作中，預估在 2020 年工程相關的領域將增加 200 萬個職位，而生產及製造業的職位預計會減少至新低，但各行各業皆有潛力利用科技來培訓及重置員工以提高生產力，未必會出現單純機器取代人力的情況，而是會進入人機協作時代。在未來，你必須要有以下十大技能才能立於不敗之地：1. 複雜解難能力、2. 批判性思維、3. 創意、4. 人員管理、5. 與公眾協調、6. 情緒智能、7. 判斷和決策、8. 服務指導、9. 協商能力、10. 靈活思考能力。

　　以下小節中，將繼續為學習者建立人工智慧職業基礎認知，與未來學習建議。

4-2 機器學習核心技術

機器學習，是人工智慧發展的一環，簡略的說就是讓機器從過往的資料和經驗中「自主學習」並找到其運行規則的演算法，最後實現人工智慧的方法。其過程就是透過迴歸等其他數值分析方法，讓機器（電腦）能從一堆大數據中找出規律並做出預測，當輸入的數據越來越多，演算法也會持續調整並做出更精準的分析。而這裡所謂的演算法，並非是程式語言，而是用於計算函式的清晰定義指令，數學中常講的「輾轉相除法」即目前公認的世界上第一個演算法。

以常見的例子來說明：當我們點開 YouTube，網站會根據我們過往的觀看紀錄來預測我們喜歡的影片類型，並顯示在「推薦影片」中。當我們開始觀看的影片類型、數量越多，網站便能根據這些紀錄來調整演算法，並做出更精準的預測。

我們先來複習一下，機器學習又可分為三大類：1. 監督式學習、2. 非監督式學習、3. 強化式學習。

1. 監督式學習

所謂的監督式學習，是電腦從標籤化 (labeled) 的資訊中分析模式後做出預測的學習方式 (如圖 4-1)。即是在我們輸入大量資料時，先告知其資料的答案；我們可以把監督式學習演算法視為教導小孩的過程，我們在教這個小孩 (電腦) 認識「蘋果」時，會先拿著各式各樣蘋果的卡片，告訴這個小朋友 (電腦) 說：「這是蘋果。」將卡片資料標記標準答案，而電腦在學習的過程透過對比誤差同時修正訊息，最後我們再拿出電腦未知的卡片詢問電腦，讓電腦根據所學而做預測它是否是蘋果；監督式學習常用的方法為分類與回歸。

（圖 4-1：監督式學習）

2. 非監督式學習

　　非監督式學習是讓演算法從大量的數據資料串流中，自行找出模式並將這些數據做出分類 （如圖 4-2）在我們輸入大量資料時，不需要事先以人力處理標籤資料的答案；我們可以把非監督式學習演算法視為教導小孩的過程，就像是我們在小朋友面前擺了各種不同顏色的積木，在沒有事先告知小孩這些積木是什麼顏色的情況下，讓小朋友將積木依據顏色分類，這就是非監督式學習，非監督式學習常用的方法為聚類與降維。

　　非監督式學習的特性讓它在資料探勘初期是很好用的工具。對比監督式學習，非監督式學習優點是可以減低繁瑣的人力工作，找出潛在的規則。但缺點是會造成較多功耗，或不具重要性的特徵 (Feature) 被過度放大，導致結果偏誤、無意義的分群結果。

（圖 4-2：非監督學習）

3. 強化式學習

增強式學習的特徵是不需給機器任何資料,讓機器透過獎懲機制進行目標導向學習,這也是和大自然生物與人類最相似的學習方式(如圖 4-3)。

機器透過環境的正向、負向回饋 (positive / negative reward),從中自我學習,並逐步形成對回饋刺激 (stimulus) 的預期,做出越來越有效率達成目標的行動 (action),在過程中,達成獲取最大利益的目標。

最有名的增強式學習的例子就是轟動全球的 AlphaGo 對弈世界圍棋第一高手,是機器學習發展以來的一大里程碑,AlphaGo 即是工作團隊透過大量職業比賽的棋譜來「訓練」其演算法,讓 AlphaGo 在短短的兩年內就站上職業圍棋的頂端,打敗了人類。

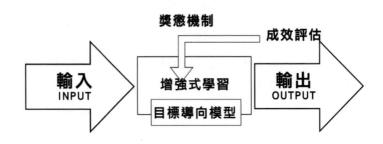

（圖 4-3：增強式學習）

機器學習的技術分枝很多,上述所說監督式、非監督式、增強式學習都只是大致的分類,而實際應用該採用哪一種演算法模型,則需要依照需求目標、資料質量與現實考量而定,沒有標準答案,我們也曾介紹機器學習的另一個領域:深度學習,它也是一個從資料中學習

的演算法，是一種以人工神經網路為架構，對資料進行特徵學習的演算法（如圖 4-4）；所謂的特徵學習能將原始數據轉換成為能夠被機器學習的形式。它避免了人工手動提取特徵的麻煩，允許計算機學習使用特徵的同時，也學習如何提取特徵，學習如何學習。

深度學習具有兩個以上隱藏層的神經網路，每一層都有一個輸出端，被用作下一層的輸入；從前一層處理過的資料觀察並改良，提供更接近期望值的輸出，試圖從中學習以預測未來的事物；深度學習可以有效的辨識事物的特徵，能處理抽象的概念，有助於進一步理解數據，例如影像、聲音和文字等多元訊息，所以深度學習常應用於計算機視覺，語音識別、自然語言處理和網路威脅檢測。

深度學習和機器學習兩者的不同是，在機器學習中我們需要人工手動來選擇特徵，較容易存在人為偏見或錯誤，深度學習則通過從資料中學習來達成，也可以混合各種機器學習演算法來提高性能；也由於深度學習乃基於機器學習，所以訓練過程也可分為監督式學習和非監督式學習。實務上，會先讓 AI 進行非監督式學習，將訓練資料集分群，以得知可能會有哪些資料分類，隨後進行監督式學習，標示各資料的期望輸出值，重新將訓練資料集中的特徵向量做為輸入，期望分類作為輸出，透過損失函數 (loss function) 或稱成本函數 (cost function) 來計算期望輸出與輸出之間的標準差。

事實上機器學習的應用早已遍布在我們的生活當中，舉凡手機上的手寫或者語音辨識、聲波探測，收費停車場的車牌辨識系統、電子信箱中自動過濾垃圾信件的程式，及無人車的自動駕駛均是常見的使用案例，而像是利用機器學習來判斷一張照片中存在著什麼物件，或是對照片進行人臉辨識、修復受損的照片，乃至於在藝術領域上使用

機器學習解析藝術家繪畫風格而創造畫作等應用，讓人工智慧不再只是科幻電影的想像，未來的發展也蔚為可觀。

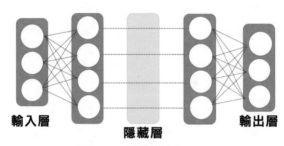

輸入層　　　　　隱藏層　　　　　輸出層

（圖 4-4：深度學習）

4-3 由圖靈測試到深度學習

　　1950 年英國的圖靈提出的圖靈測試內容：如果一臺機器能與人類對話，卻不被辨別出己方的機器身分時，便能宣稱該機器具備 AI 能力。

　　人工智慧 AI，這個名詞早在 1956 年即出現，是指由人製造出來的機器所表現出來的智慧，通常是指電腦模擬人類思維過程進而模仿人類行為的能力。面對廣泛的人工智慧範疇，美國哲學家約翰‧瑟爾（John Searle）提出了「強人工智慧」和「弱人工智慧」分類；所謂強人工智慧一類的機器電腦擁有自覺意識、性格、情感、知覺、社交等人類的特徵，而弱人工智慧的機器電腦只能模擬人類具有思維的行

為表現，而非真正懂得思考。現今常見的 AI，機器僅能模擬人類，並不具意識，也不理解動作本身的意義，還處於弱人工智慧的分類。

而機器學習是從資料中學習模型，深度學習則是利用多層輸入 - 輸出層的非線性函式學習資料的特徵。不同於 AI 寬廣的定義，機器學習和深度學習都需要有一組數據資料，經由學習後，建立模型來給予反饋答案。

我們以「如何判斷貓跟狗」來當例子說明機器學習和深度學習的差異：

如果某個專家定義一個「專家系統」的規則為「貓都有花紋，狗沒有」、「貓有長尾巴，狗有短尾巴」，並將聲音或者圖片輸入系統使其回饋，這已經算是 AI 的一部份了；但這樣定義的結果很有可能出錯，如果我們用這個專家系統去判斷這隻「沒有花紋且有短尾巴」的貓，就有可能會被誤判成狗。

因此到了機器學習的時代，我們會希望能有一組由眾多貓跟狗組成的資料，盡可能什麼種類都有，然後經由人類知識，從資料先行萃取一些特徵資料加以量化，例如貓或是狗的形狀、花紋、聲音種類等，從中建立模型，然後讓機器學習模型去判斷貓和狗。我們能發現機器學習時大概能分為：輸入資料→特徵擷取→模型→輸出答案，四個步驟。

到了深度學習時代，則捨去人類知識作的特徵萃取，讓多層結構的神經網路自己從大量資料中，學習這組資料可以做什麼樣的特徵擷取，即貓跟狗的特徵是根據人類給模型的資料，機器自己建立模型去

學習貓跟狗在特徵擷取上的差異。深度學習步驟為：輸入資料→建立模型(特徵擷取自學)→輸出答案。由圖 4-5 可以更輕易看出機器學習及深度學習的差異。

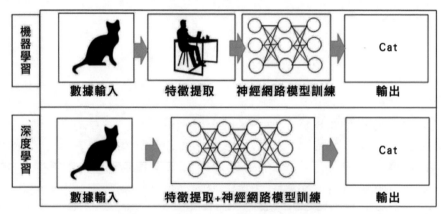

（圖 4-5：機器學習、深度學習的差異）

4-4 人工智慧機器人

當一臺機器人裝上人工智慧，再輸入大數據，就可以輔助人類進行許多工作。而人工智慧要如何消化那麼多數據？這就要靠演算法了。演算法就像機器人的消化系統，負責讀取、消化大數據，同時產出結果。好的演算法會造就聰明的大腦，也就是聰明的 AI，以及高智商 (intelligence quotient, IQ) 的機器人。

若我們想要讓智慧機器人能夠在指定的場合，準確並迅速完成的任務，首先必須對環境進行感知以理解周遭情況，同時接收來自使用者的資訊或是指令，接著便是任務的分析與執行內容規劃。機器人透過人機互動介面或是外部感測器取得的訊號進行分析，歸類到對應的控制命令並訂定目標，並且規劃出應執行的動作以及行動的路線，最後在分析完任務後，交由硬體的控制系統進行任務中的動作控制，讓機器人能循著規劃好的動作與動線移動，如圖 4-6。

在智慧機器人自數據的輸入到最後的行動，主要可分為感知、定位、認知與規劃及運動控制四大流程：

1. **感知區塊：** 主要讓機臺獲得各種資訊，如內部姿態或外在環境。

2. **定位區塊：** 主要是透過外部感測資訊與地圖資訊的比對，確立機臺所在，以供後續分析任務及規劃行動。

3. **環境認知及路徑規劃區塊：** 配合預先設定的任務資訊進行狀況判別以及動作設定。

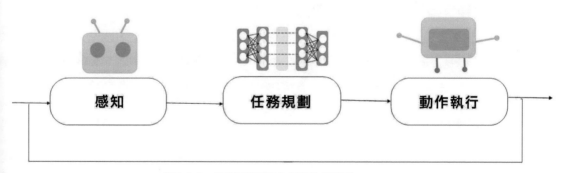

（圖 4-6：智慧型機器人的行為流程）

4. **運動控制區塊：** 利用所規劃出的動作資訊進行平臺的移動控制，執行任務動作。

　　最後要說明的是，所謂智慧機器人，最後的表現必定要具有某種智慧的顯現，美國發展心理學家加德納 (H.Garder) 將智慧的表現可約略分為：語文、邏輯 - 數學、音樂、空間、內省、肢體 - 動覺、人際、自然理解等八種 (圖 4-7)，現今被歸為智慧型機器人的自主行動機器人只是擁有這八種智能的一部份能力，以達到人機互動的應對處理，或是對目標的條件判斷與自主任務執行等功能，不過現今所有的智慧型機器人尚缺乏內省、人際及自然理解的能力，正如我們上述所說，目前的 AI 人工智慧還處於「弱人工智慧」的階段。

　　綜合上述對於智慧機器人的簡略說明及當今應用，可將其區分為幾項用途：

1. **工業機器人：** 用於取代人工，執行大量重複性或例行任務。

2. **服務型機器人：** 擔任家庭事務、居家照護、商業服務、教育、娛樂、軍事及太空探索等工作內容。其中服務型機器人又因應不同的工作內容而有不同的表現型態， 如陪伴型機器人、事務型機器人，以及反饋型機器人等。

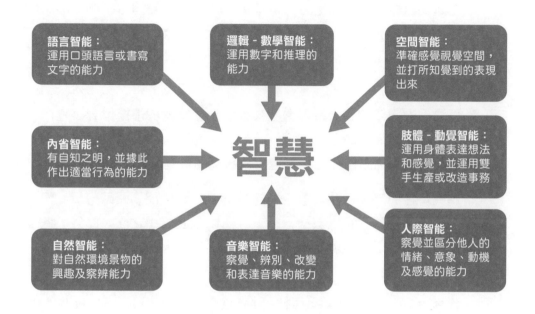

圖 4-7：八大智慧的表現

4-5 物聯網感測技術

我們在前一節中講述智慧型機器人的運作和表現，要想讓機器人有所感知，這就要靠感測器了，將感測器聯網即是我們常說的物聯網(Internet of Things, IoT)。

物聯網 IoT 是由實際物體，如車輛、機器、家用電器等等，經由嵌入式感測器和 程式開發介面 (Application Programming Interface, API）等裝置，透過網際網路進行訊息連結與交換。

物聯網依賴大量的技術才得以成形，例如將裝置連線到網際網路的應用程式開發介面 (Application Programming Interface, API)，以及大數據管理工具、預測分析、AI 和機器學習、雲端以及無線頻率識別 (Radio Frequency Identification, RFID) 等。

以雲端為基礎的物聯網平臺和架構，串聯實體與虛擬世界，它們協助企業管理連網裝置及其安全性，能收集即時資料，將裝置連結到後端系統，確保物聯網互通性及運用物聯網應用提升效能等。

洞察貴在即時，智慧裝置產生的巨量 IoT 資料需要即時分析、快速應用，這正是預測和大數據分析人才可以大展身手之處。此外，機器學習也為資料增添情境化應用價值，機器無需人工介入即可觸發行動。

在製造業中，物聯網被稱為「工業物聯網」（IIoT），也稱為「工業網際網路」或「工業 4.0」。透過機器對機器 (Machine to machine) 技術，機器能自行完成任務，透過 IoT 能支援從遠端監控、遙測及預測性維護等各種功能。

物聯網使現實生活中的所有物件能夠以互聯網形式互動，不過，追根究柢還是得仰賴感測器才能實現，感測器要能有所感知，其目的是從量測的訊號內容中，進行特徵萃取、圖像識別、語音辨識及景物辨識等任務。

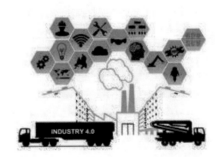

依照機器對環境感測之方式，可將感測器分為內部感測與外部感測器：

❶ **內部感測器：** 用於檢測機器人平臺狀態的內部狀態等，常見的如陀螺儀、加速度規、編碼器，以及一些電流、電壓、電量等感測元件等，皆屬內部感測器。

❷ **外部感測器：** 用於擷取環境資訊，例如障礙偵測等，常見的有CCD 攝影機 (影像)、紅外線 / 超音波 / 雷射反射測距儀 (距離、障礙物感測)、傾斜儀 (與地磁相對傾角)、電子羅盤 (定向)、GPS 接收器 (定位)、壓力感測器 (接觸力感測) 以及一些外部觸動開關等。

依照能量來源可分為主動式與被動式兩類：

1. **主動式在感測器上搭載有電源，主動發射訊號以探測環境。**

2. **被動式則是接收來自環境的能量，或透過外部訊號觸發。**

目前市面上許多感測器也利用資料整合分析技術，結合多種感測器於一體的整合模組，透過這些感測器，可以獲得機臺當時的狀態以及外部環境的資訊，讓物聯網能掌握更多任務的規劃與執行時所須的資訊，以進行不同狀況下所需要的分析與判斷。下表 4-1 即是常見的感測器說明。

現今最新開發的技術是模仿人體感官的感測模組，應用多種元件搭配微處理器運算核心組成，例如嗅覺 (電子鼻)、觸覺 (壓力感測器)、力感 (電子皮膚 / 可撓性觸覺感測片)、視覺 (電子眼) 以及聽覺 (電子耳) 等電子感官。

感測器	功能說明
視訊攝影機	用來擷取影像，供影像運算處理使用
編碼器	提供來自刻度盤的 QEP 計數資訊，供里程計算及機臺位置及朝向估算使用
紅外線測距儀	利用訊號接觸到障礙物後反射回來的時間差，量測與障礙物之間的距離資訊
超音波測距儀	利用訊號接觸到障礙物後反射回來的時間差，量測與障礙物之間的距離資訊
雷射掃瞄儀	利用高速進行扇狀掃描，量測與障礙物之間的距離資訊
傾斜儀	可量測與鉛直軸的傾斜角度大小，用於姿態量測
加速度規	可量測角速度的變化，視需求可選擇單軸、雙軸及多軸量測模組
電子羅盤	提供地磁南 / 北方向的資訊
GPS 定位接收模組	可接收多顆衛星提供的定位資訊，估算出所在點的經緯度及高程資料
整合式量測模組	整合了傾斜計、陀螺儀、電子羅盤等感測器的姿態與航向量測模組（Attitude and heading reference system, AHRS)

（表 4-1 常見的感測器）

4-6 數據科學應用

數據科學是一門跨領域學科，它結合程式設計、數學與統計和產業應用，是一種專業能力，能從零散資料中，找到規則、意義和價值，在資訊爆炸時代是門具有高度需求，也具有競爭力與商業價值的學科。

所謂的跨領域學科，即是融合不同的專業學科的綜合科學。程式設計著重的是善用程式抓取、判斷資料，運用技術從中分析、挖掘出有幫助的資訊；數學與統計著重的選擇實用的數學方法，去診斷問題、開發並改善統計方式；商業應用著重的根據不同領域的使用情境，去釐清待解決問題、設定目標，並瞭解限制。

因此數據科學家須具備資工、資管系寫程式的能力，還要有數學、統計系的背景，除此之外，還要有企管、國企系相關的商學院背景，能夠切入市場的需求並提出全盤性的策略。

數據科學家可大致分為兩種取向，策略型與技術型：

❶ **策略型數據科學家**：對於商業敏感度高，具有商業思維，擅長商業活動的規劃與執行，善用數據分析作為輔助工具，提出問題假設和挖掘企業內部問題。

❷ **技術型數據科學家**：具工程師或統計學背景，擅長活用軟體工具和程式語言，往往扮演找出問題，並提出解決方案的角色。

根據不同的背景和學科，數據科學家可再細分為以下類型：

❶ **商業智慧** (Business Intelligence Analysis)：以投資報酬率、獲利率、商業決策分析及動態報表以幫助企業決策，並轉化為企業的競爭優勢。

❷ **資料視覺化** (Data Visualisation)：運用認知心理學及視覺設計呈現數據，協助企業同僚理解大量資訊，作出精準決策。

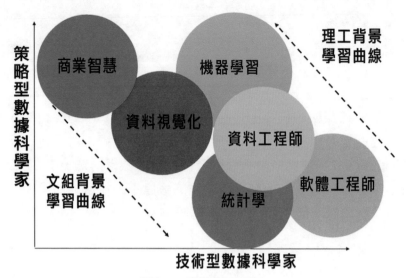

（圖4-8：學習成長曲線）

❸ **統計**（Statistic）：專精於建立模型、預測方法、假設驗證、實驗設計、取樣和品質保證。

❹ **機器學習**（Machine Learning）：擅長學習演算法、資料蒐集和驗證、精準指標、培訓技法，協助企業關係理解大量資訊，做出精準決策。

❺ **資料工程師**（Data Engineer）：建立資料流程圖和架構、數據倉庫設計、增量數據資料擷取/CDC異動資料擷取（Extract-Transform-Load, ETL）、針對不同資料規模評估合適的處理技術。

❻ **軟體工程師**（Programming Engineer）：擅長不同的程式語言並活用於企業營運系統設計。

　　參考圖 4-8，對於文組背景的人而言，學習成長曲線主要從左上到右下；而理工背景的人，學習成長曲線比較是從右下到左上。

　　AI 浪潮來襲，世界經濟論壇和經濟學人發表報告預示，部分客戶服務相關行業尤其屬於未來可能因 AI 而被精簡人力的高危險群。像是收銀

員、保險經紀人、服務生、教師、理財師、護士記者、會計等。而全球 AI 領軍人物，《AI 新世界》作者李開復博士指出，帶有「助理、代理、經紀」等字樣的職位未來都很有可能被取代。因為機器不需要薪水只需要供電和網路，就能一年三百六十五全天候上班。

而金融時報與日經新聞報導，在未來 2020 年人工智慧可創造二百三十萬工作機會，但同時也會有一百八十萬個職業可能被 AI 取代，那麼在 AI 時代到底該有怎樣的態度，才不會被人工智慧取代呢？

1. **善用機器以及數據，做出更好的研究品質，並在未來提供人類更好的福祉。**

2. **發揮創造力，創作出前所未有的作品並促進人類前進。**

3. **良好的溝通能力，讓你贏得團隊和大眾的信賴。**

4. **管理決策能力將會是最難被 AI 取代的技能之一，因此培養決策分析與領導管理能力將會讓你與眾不同。**

綜括上述，唯有培養最好的決斷力、系統分析能力，以及藝術創造力，才能夠在未來駕馭 AI，掌握人工智慧大未來。

 測驗

選擇題

1. ＿＿＿ 下列哪項是世界經濟論壇出版的《未來工場》報告中，2020 年必要的十大技能及策略呢？（A）複雜解難能力（B）服務指導（C）靈活思考能力（D）以上皆是。

2. ____ 哪一項機器學習是電腦從標籤化 (labeled) 的資訊中分析模式後做出預測的學習方式呢？（A）監督式學習（Supervised learning）（B）非監督式學習（Unsupervised learning）（C）增強式學習（Reinforcement learning）（D）以上皆非。

3. ____ 哪一項機器學習的特徵是不需給機器任何的資料，讓機器依據獎懲機制的目標導向直接從互動中去學習，也是最接近大自然與人類原本的學習方式呢？（A）監督式學習（Supervised learning）（B）非監督式學習（Unsupervised learning）（C）增強式學習（Reinforcement learning）（D）以上皆非。

4. ____ 在人工智慧的分類中，強調電腦將能擁有自覺意識、性格、情感、知覺、社交等人類的特徵的稱為什麼呢？（A）微人工智慧（B）弱人工智慧（C）小人工智慧（D）強人工智慧。

5. ____ 機器學習及深度學習結構的差異是哪一項？（A）資料（B）特徵擷取（C）模型（D）答案。

6. ____ ①定位②規劃及運動控制③感知④認知，請依序排列智能機器人由數據的輸入到最後的行動的主要區塊（A）①②③④（B）③①④②（C）③④①②（D）②③④①。

7. ____ 下列哪一項不是現今的智慧型機器人比較缺乏的能力？（A）邏輯 - 數學（B）內省（C）人際（D）自然理解。

8. ____ 下列哪一項是服務型機器人的用途？（A）家庭事務（B）教育（C）太空探索（D）以上皆是。

9. ＿＿ 在製造業中，下列哪一項是物聯網能支援的功能呢？（Ａ）遠端監控（Ｂ）遙測（Ｃ）預測性維護（Ｄ）以上皆是。

10. ＿＿ 下列哪一項不是在 AI 時代應該有的態度呢？（Ａ）善用機器以及數據（Ｂ）良好的溝通能力（Ｃ）避免創造（Ｄ）培養決策分析與領導管理能力。

👉 參考資料

呂宗昕 (2009)。π 型人－職場必勝成功術 (2)。臺北：時報出版。

InfoMiner 即時輿情分析平臺，2020，大數據工具推薦 (取用日期：2020 年 01 月 01 日)。

產業人力供需資訊網，2020，2030 年整體人力需求推估報告 (取用日期：2020 年 01 月 01 日)。

泛科技，2020，淺談大數據與人工智慧服務 (取用日期：2020 年 01 月 01 日)。

創新趨勢下『5+2 產業』未來 10 年工作及技能需求分析，2019，AI 人工智慧，資料科學相關工作與未來前景 (取用日期：2020 年 01 月 01 日)。

閱讀最前線，2020，人工智慧、大數據與物聯網之間的關係 (取用日期：2020 年 01 月 01 日)。

國立中興大學電機工程學系 3C 科技與生活教材，2019，當 AI 遇到 I-Robot 智慧型機器人 (取用日期：2020 年 01 月 01 日)。

問對問題－大數據、AI、機器人，有什麼血緣關係？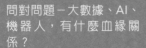

單元五

人工智慧發展中的
未來職業趨勢

臺北市明湖國中 高抬主老師

前言

　　大數據科學、演算法、雲端計算速度提升與突破，使人工智慧獲得高度發展，在未來的智能世界，以往高度依靠個人智商和經驗的工作崗位，逐漸被人工智慧替代，穩定將成為奢侈品，變動將成為常態。面對 AI 大未來，哪些職業會逐漸消失，又有哪些職業將悄悄崛起？分析 104 人力銀行篩選出的百大好職缺結果發現，其中超過半數來自工程及技術相關職業，可見產業界對軟體工程師人才需求擴大。人工智慧勢必將在未來的就業市場掀起一翻波瀾，新興科技素養也將漸漸變成顯學。

教材內容

常聽見厲害的人說：「我是專業！我是專家！」是本身具備的能力很獨特？還是見解很獨到？抑或『專業』這兩個字是一個頭銜呢？科技日新月異，功能日趨強大，所謂『專業』會不會被 AI 取代呢？

5-1 專業的內涵

知識技術

「Knowledge is power！」知識技術是任何專業最基本的根源，整合理論與實作，透過書籍記載、教育傳承、職前訓練、網際網路及媒體等訊息傳遞，讓人們得以從事生產、研發、分享、協作、應用與創新等作為。

溝通統合

如何適時又準確地溝通，是人際關係與人事經營的一大學問，溝通技巧會隨著工作場合的需求、組合結構及表達方式而有所調整，可以是面對面的語言溝通，亦可以是文字訊息的傳達，例如專案模式的團隊分工、通訊軟體或網路社群建立，都是溝通的一種形式。

領導決策

協調能力與問題解決能力是領導者的基本技能，就是領導者運用邏輯思維、經驗判斷、科技輔助與大數據，針對問題本身逐一拆解、研究剖析、擬定處理方案，進而沙盤推演，分析利害關係後制定決策與實施決策。有時候領導決策者也不只是一個人，而是一個團隊。

創新突破

　　創新突破帶來幸福與願景，創新帶領人們迎向未來，Microsoft 創辦人比爾·蓋茲（William Henry Gates III）、Apple 創辦人賈伯斯（Steve Jobs）、Facebook 創辦人馬克祖·克伯（Mark Zuckerberg）、Google 創辦人佩吉（Larry Page）與布林（Sergey Brin），這幾位創新代表性人物改變了人們生活習性及學習思考的模式。創意是人們與生俱來的能力，請把握自身實力，透過紮實的訓練與經驗累積，看多、學多、做多，進而變成專家。

5-2 人工智慧能取代的職業趨勢

專業程度

　　入行門檻容易，不一定需要專業證照，職場識養成期短的行業，未來可能由 AI 代勞，或因應 AI 而轉型。以醫生而言，醫學教育訓練為 7 年在校教育及 1 年畢業後一般醫學訓練 (Post-Graduate Year Training, PGY 訓練)，2013 年起我國醫學教育將改為 6+2 制，還得通過國家考試方能取得醫師證照，以最保守的時間計算，醫學生時代加上 PGY 時期 8 年，住院醫師至少 3 年，成為主治醫師時至少需要11 年，專業養成期較長，入行的門檻也相對嚴格，尤其臨床的經驗更需要長時間累積，未來被 AI 取代的可能性偏低。

勞力程度

　　勞力密集程度高，工作步驟制式，有明確的標準作業程序

（Standard Operating Procedures, SOP），完成目標的過程出錯機率低的行業，未來可能由 AI 代勞，或因應 AI 而轉型。以急難救災專業人員或是火場消防員為例，除了需要過人的體力、耐力和意志力之外，還必須對災難現場情況進行預判，進而採取行動，救災過程仰賴工作人員臨場反應與實地經驗，訂定因地制宜策略，因此這類工作被機器人取代的可能性偏低。

管理程度

職位並不涉及管理，只是依據指令作業的基層人員，也可能因應 AI 而減少人力需求。「管理」是在特定的環境下，對組織所擁有的資源進行有效的計劃、組織、領導和控制，以達成既定的組織目標。一個企業執行長（Chief Executive Officer, CEO），不只具備紮實的理論基礎，還要有厚實的社交手腕、靈活的溝通統合能力以及運籌帷幄的前瞻布局能力，商場上更注重的是『領導靠智慧、進步靠團隊』，可見管理的學問不容小覷。

創意程度

『創意』是一個企業能否永續經營的命脈。如果工作不必發揮創意，只是處理既定模式、重複流程的內容，未來也須因應 AI 而作出改變。以作家、設計師、行銷企劃及商場公關為例，這些行業著重創意思考，體察不具規則性的現象，開創前所未有的新局，善於提升人們感官刺激與新鮮感。發揮創意是人類獨有的天賦，機器人無法駕馭無指令可循的創作，雖然美國、日本、中國大陸皆已開始挑戰 AI 寫新聞稿，但具有質量、有趣的新聞作品，仍還得仰賴記者對事物的獨到觀察。

溝通程度

　　制式流程、任務導向、協助處理問題的對話、不須進行複雜的溝通、辯駁，也不太需要交流談心的工作，未來可能由 AI 代勞，或因應 AI 而轉型。近年電話或網路客服都已推出 AI 智能服務，透過手機或網路，協助使用者一步接一步，線上處理即時問題，迅速又精準。相較於律師、心理諮商師、企業的管理者，常常要將心比心、互動交流、換位思考與理解他人的情感，『同情心』和『同理心』是機器人較不易學習的『技術』。

決策程度

　　法國哲學家笛卡兒（René Descartes）曾說：『I think, therefore I am.』，不論有目的性或沒目的性，人在工作中時時在作決策。如果工作所需要的決策機會低，不太需要思考、記憶及滾動式修正，只需要按部就班、按圖索驥，遇事只需要依循指引或手冊，這樣出錯機會可能性不高的工作，相對容易被 AI 取代。決策力涉及價值觀、決斷能力及敏銳的直覺力，決策的流程通常是：『面對問題、設定目標、擬定方案、最佳決策、實踐決策、檢視決策。』好的決策可以提升企業的競爭力，決定未來的營運與發展方向，1978 年諾貝爾經濟學獎得主赫伯特·賽門（Herbert. Simon）曾說：「決策是管理的心臟」，可見管理決策力的不可取代性，在未來企業 CEO 及人力資源主管是最不易被取代的。

5-3 科技的進化改變人類社會

　　未來世界勢必與 AI 密不可分，這是一個必然趨勢，『科技發展與

人類生活』的關係好比『知識理論與實作技術』一樣，完美結合就能創造無限可能。世界沒有因為馬的出現，人類就遺忘跑的能力，沒有因為腳踏車的出現，馬就因此消失；沒有因為汽、機車的出現，腳踏車被全面取代；沒有因為地鐵捷運、高速運輸系統的進化，汽、機車就漸漸被市場遺忘。反倒是隨著科技不斷地進化，這些工具有了不同面向的使用功能，人們的選擇更多，生活習慣與思考型態也跟著改變。

(1)Computer 指的是人還是物

「Compute」指的是「計算」，而「Computer」在電腦出現以前是指「從事資料計算的人」，他們往往都需要藉助某些機械計算裝置，甚至大型超級計算機來進行計算工作，而今日我們看到的「Computer」，外觀部分有螢幕、鍵盤、滑鼠、主機，內裝搭載硬體擴充設備：主機板、中央處理器 (CPU)、記憶體 (RAM)、儲存資料的硬碟 (HD)、具備 3D 功能運算和圖形加速功能的顯示卡，所以也稱「圖形加速卡」或「3D 加速卡」，以及內建網路功能。軟件部份搭載作業系統 (Operation System, OS)，應用軟體或專業程式，如文書處理軟體、繪圖計算軟體、簡報生產力軟體、試算表計算軟體、瀏覽網際網路程式、程式開發編撰軟體、專業美工影音處理軟體等等，隨著硬體效能提升，軟件開發的功能更強大更多工，一臺電腦可以處理的事可以比擬一個團隊，可謂名副其實的『Computer』。

(2) 完成時代使命，逐漸走入歷史

順應科技的不斷演進，確實有些工具漸漸很少使用，下圖是隨著科技進步，一些逐漸消失在人們生活周遭的物品，一起來回味一下：

算盤

黑膠唱片

卡帶隨身聽

CD 隨身聽

傳呼機 (B.B.Call)

按鍵式手機

33.6K 56K Modem 撥接數據機

PDA 個人數位助理

5.25 吋 1.2M、3.5 吋 1.44M
儲存軟碟片

MO 可讀寫式光碟機

傳統相機彩色底片

掌上型遊戲機、電子雞

幻燈片簡報投影機

打字機

MP3 Player

VHS 卡式 錄影帶 迴帶機

有了行動網路的普及化，多元知識共享及資源取得的方式推波助瀾，二十世紀到二十一世紀是知識爆炸的世代，具備知識管理和大數據分析的能力更顯重要，管理大師彼得杜拉克（Peter Drucker）表示：『下一個社會將會是知識型的社會，管理知識勢必成為未來企業核心策略。』行動網路的普及化改變了人們知識學習的模式，以下是通訊技術進化的過程：

| 0G無線通訊 | 1G類比訊號 | 2G數位語音 | 3G頻寬技術 | 4G串流媒體 | 5G物聯網 |

（圖 5-1 5G 發展）

（1）0G 無線通訊技術：

　　1938 年，美國貝爾實驗室為美國軍方打造了第一部行動電話。1941 年，行動電話開始用在軍事通訊，1943 年，進一步應用至部隊作戰中。行動通訊就是可以帶著走的無線電話，技術關鍵在點對點連接，採用 FM(Frequency Modulation) 頻道傳輸聲音，缺點是容易被竊聽，而且有距離的限制，太遠就收不到訊號。

（2）1G 無線通訊技術：

　　第一代行動通訊技術 (First Generation, 1G) 為類比式行動電

話系統。1973 年，摩托羅拉（Motorrola）工程師馬丁·庫帕（Martin Lawrence Cooper）在紐約街頭打通了史上第一個推向民用的行動電話，被公認為現代手機的開端。1980 年代，開始發展出「蜂巢式」通訊網路的架構，讓不同地區的人可以透過基地臺間的通訊彼此連接，手機部分也設計出第一代商用行動電話，俗稱黑金剛。此時無線通訊技術訊號較不穩、保密性低且抗干擾能力差，人們開始著手研發新型行動通訊技術。

(3) 2G 無線通訊技術：

第二代行動通訊技術（Second Generation, 2G）為數位式行動電話系統，此階段在技術上的突破影響最深遠。1982 年起歐洲郵電管理委員會成立「GSM」，即全球行動通訊系統 (Global System for Mobile Communications)，GSM 負責研究通訊的標準，透過數位方式強化「蜂巢式」通訊網絡，更容易延伸和擴充行動通訊範圍，室內室外皆可通訊，更可以國際漫遊，是應用更為廣泛的行動電話標準。1990 年代，除了摩托羅拉發展無線通訊，還有諾基亞 (Nokia)、易利信 (Ericsson) 等大品牌投入市場，手機通訊還發展出文字簡訊功能（Short Message Service, SMS）及用戶身分模組 (Subscriber Identity Module, SIM)，用於儲存用戶身分辨識資料、簡訊資料和電話號碼的智慧卡，也就是目前手機使用的 SIM 卡。此時無線訊號較穩、標準統一、通話品質也較好，部分 2G 系統也支援資料傳輸與傳真，但因為速度緩慢，只適合傳輸訊息量低的電子郵件。

(4) 3G 無線通訊技術：

2000 年代，第三代行動通訊技術（3rd-Generation, 3G）服務

提供高速資料下載服務，同時還有傳送聲音、影像、電子郵件及即時通訊的功能。2008 年，觸控型智慧型手機問世，代表性產品多屬 Apple 的 IOS(iPhone OS) 系統與 Google 的 Android 系統，智慧型手機整合數位相機、個人數位助理 (personal digital assistant, PDA)、行動上網、行動網路熱點分享、MP3 Player 等功能，以 2009 年 What's APP 手機通訊軟體為例，既可傳輸文字訊息也可以撥打網路電話。智慧型手機儼然是一臺小電腦，漸漸改變人們的溝通習慣。許多手機大廠也開始推出大螢幕的觸控螢幕平板。

(5) 4G 無線通訊技術：

LTE 長期演進技術 (Long Term Evolution) 或 LTE-A (Advanced)，前者俗稱為 3.9G，後者為 4.5G。2010 年代，發展全面 IP 化網路，無線網路資料傳輸能力和速度效更快更穩定，4G 能使手機用戶們不受時間與地點的限制，接收更豐富的語音、數據和串流媒體，此時通訊軟體發展更為強大，可以視訊、開會，完成沒有國界隔閡地面對面溝通；社群軟體、媒體視頻、直播技術，讓每個人都有機會成為網紅、導演；電子商務、虛擬貨幣、行動支付、雲端技術及自學網站，讓學習與生活方式更自主更多元。伴隨著晶片的運算技術提升，智慧型手機功能越來越接近電腦，手機用途不再只是通訊，更可以輔助人類處理很多專業工作。

(6) 5G 無線通訊技術：

數位蜂巢式網路的架構，資料傳輸速率遠遠高於以前的蜂巢式網路，傳輸速度最高可達 10 ~12Gbit/s，比先前的 4G LTE 快 100 倍，網路延遲更低。2020 年代，5G 網路不僅為手機提供服務，更聯結一

般家庭和企業商務，讓各類型裝置皆可以聯網運作，伴隨著工業 4.0 的強勢發展，「智慧生活」觸角深入人類生活每一個環節，一支手機就能創造無限可能，「萬物聯網、智慧生活」，讓高解析畫質 4K 影片串流、VR 直播、自駕車及遠距醫療的普及成為可能。

未來學家艾文·托佛勒、海蒂·托佛勒 (Alvin Toffler、Heidi Toffler) 於《Wealth 3.0 －托佛勒財富革命》提到人類歷史上有三次波動：『1. 早期人類從遊獵社會進入農業社會；2. 人類從農業社會進入工業社會；3. 人類從工業社會進入資訊時代』。1750 年到 1850 年的工業 1.0，重點在工廠設備機械化；緊接著，1870 年到 1914 年的工業 2.0，重點在工廠設備電氣化；再來，1970 年到 2010 年工業 3.0，重點在產業資訊化、半自動化；2011 年到目前的工業 4.0，重點在工作模式電腦化、數位化、全面自動化、智慧型化技術革命、虛實融合技術、物聯網、甚至人工智慧結合物聯網。時代變遷科技倍速成長，人類社會沒有因此弱化，反而發展得更加繁榮，如此看來，AI 時代是不是更令人期待？

5-4 人工智慧與未來職業發展

亞馬遜公司是一家總部位於美國西雅圖的跨國電商企業，全球最大的網際網路線上零售商之一，業務起始於線上書店，代表產品為電子書閱讀器 Kindle，讓客戶透過網路購買和下載電子書內容。Amazon 求穩不求快速擴張的商業經營模式，成功避開 2000 年網路泡沫化，自此不斷地整併和創新，使商品走向多元化，2012 年，Amazon 收購知名倉儲機器人公司 Kiva System 公司，並改名

Amazon Robotics，2014 年，Amazon 開始在倉庫全面應用 Kiva 機器人，提高物流處理速度，降低人力成本與避免取貨的過程可能對貨物造成的損害。全球最大的零售商沃爾瑪（Walmart）也使用倉儲服務機器人系統，可全自動化處理線上訂單，完成配貨及打包服務，加快線上訂單的處理速度。Walmart 與零售自動化新創公司 Alert Innovation 合作，在新罕布夏州的塞勒姆市（Salem）Walmart 超市部署 Alphabot 機器人系統，也為消費者設立面積 2 萬平方英尺的自助提貨點，提供顧客新型態消費模式。英國最大生鮮在線超市 Ocado，2016 年打造智慧自動化倉庫，整個倉庫面積達 24 萬平方英尺，內部設有 600 個自動處理訂單的機器人；中國大陸的阿里巴巴機器人餐廳與半自動連鎖超市「盒馬鮮生」（Hema）旗下，入場購物的顧客運用手機應用程式選購商品後，商品將經由店內天花板上輸送帶送至結帳處，或是直接送到顧客家；日本知名服飾品牌 Uniqlo 也在東京旗艦倉庫使用機器人。臺灣最具代表性的應屬東元餐飲集團與日本「摩斯漢堡」，為了提升顧客用餐體驗，聯手東元電機推出臺灣「摩斯漢堡」服務型機器人，第二代摩斯漢堡送餐機器人外觀輕巧，能靈活穿梭在店舖內完成送餐任務。電商與自動化、物流與機器人的融合，新技術進化與應用、物流與服務模式的變革及就業結構的變遷，5G 啟發人們無限想像，創造又一次時代浪潮。

可能被 AI 取代的工作共通點

(1) 步驟制式、重複性高、目標明確

(2) 門檻要求不高、技術層面變化低

(3) 不須創意、不須設計、知識偏記憶性

(4) 不須傾聽、體諒、同理、回饋、協調、妥協的能力

綜觀服務業、電商業，雖然引進大量機器人設備，出貨量倍增，但是人類員工並沒有因此減少，因為企業主認為機器人並非用來完全取代人力，而是讓員工轉而負責需要『更用心』的工作，讓店員可有更多時間專注於提升服務與銷售。服務業永續經營三大法則：『顧客至上、耐心傾聽、保持創新』，智慧機器人的導入可以讓人們得以從枯燥乏味的工作解脫，在更安全的工作環境中，發揮更多能力及創造力。

（圖 5-2 未來生活 - 明湖國中陽繼涵同學繪製）

未來職業分析

自動化程度愈高，生活愈智慧，如何培養創造性思維就是未來的教育目標。理解人的思維方式與情緒反應的應對邏輯，這些都是目前

『弱人工智慧』還無法學習到的『人的特質』，即便演算法的大躍進，機器學習與深度學習能力更上一層樓，畢竟也是程式碼一條一條堆砌出來的，機器的反應機制也是隨著周遭內外在條件判斷來執行，但人類是一個相當『條件複雜且變化多端』的生物，靈巧而機動。例如由香港的漢森機器人技術公司開發的人類機器人，機械人索菲亞 2018年 8 月拜訪臺灣，可以接受記者訪問和進行自我介紹，完成基本的對話，做出喜怒哀樂的表情，但思考和表達方式都還是透過工程師和雲端進行數據分析，從問題關鍵字來決定回答的方向，對應仿真但談不上流利。然而，透過先前介紹的科技軟硬體改革，行動網路更快更穩，雲端技術與雲端計算能力越來越快，再加上日益精進的演算法，當數據夠多時，機器人學習力更好後，會不會真能以假亂真呢？人類即將進入 AI 時代，什麼樣的職業容易被 AI 取代，在先前討論的例子中似乎可以看見端倪，但 2014 年由英國倫敦 Google DeepMind 開發的人工智慧圍棋軟體 AlphaGO 打敗世界棋王時，圍棋與棋士並沒有從世界上消失，人類投入一件事的『熱誠』與『樂趣』，並不是演算法可以模擬的。我們應該關心的是，職業如何透過 AI 發展或創造更多價值？以下列出幾個未來職業的樣子：

(1) 機器學習與深度學習演算法開發的程式設計師

(2) 人工智慧大數據專家與資料庫數據篩選工程師

(3) 雲端核心技術軟體開發與 IT 硬體維護工程師

(4) 各類自學軟體與物聯網應用程式開發工程師

(5) 各類機器人訓練師與機器人健檢技師

(6) 高階企業管理人才、行銷企劃人員、人力資源管理師、經濟走向分析師

(7) 特殊病症醫護人員、精細醫學儀器操作師、未來醫學預防中心、諮商醫學專業

(8) 研發新資訊科技人員、研究人員、資料科學與科技新創專家

(9) 智慧城市規劃設計師、預防犯罪預測員、犯罪防治中心資料庫建置中心之作者

(10)AI 應用教育工作者、財務分析與投資規劃師、專業演藝人員

(11)IC 研發，IC 設計，訊號處理與各類感測器、監控系統設計師

(12)AI 顧問與諮詢中心，AI 法規制定，AI 司法系統與 AI 律師

美國貝萊德（BlackRock）資產管理公司，未來預定改用 AI 來挑選股票，即是運用大數據技術，開發機器人理財顧問。2017 年，臺灣金管會也通過「自動化理財顧問服務」作業要點，讓未來理專很「科技」。綜觀歷史，農業時代依賴人工，有土有人即有財；工業時代利用機器，擁有機器的企業主、資本家掌握了大多數財富；資訊時代，利用電腦、網路、人工智慧，社會人際與經濟模式不同於以往，倚靠智慧掌握資訊及生存法則，改變思考慣性、因應未來潮流，做出修正與調整，是今後我們都要面對的挑戰。知道未來的職業走向，什麼職業會才能創造多元價值，鑒往知來明興替也知存亡，「別讓自己變成機器人，就不怕被機器人取代」。

5-5 與人工智慧科技協作共創未來

　　臺灣半導體產業全世界數一數二，晶片檢測、多工與計算的核心能力技術更是不在話下，微軟 2018 在臺灣成立亞洲第一個 AI 研發中心，就是看好臺灣人才實力和硬體技術資源，要將智慧化從臺灣推向全世界。

　　AI 領域蓬勃發展，大數據分析能提供人們更先進的雲端計算能力、更豐沛的網路資源、虛擬實境 VR、擴增實境 AR、混合實境 MR、影像實境 CR、包含 AR/VR/MR 三 R 技術的 XR 擴充套件實境，這帶來更多『無人』商機，包括智慧商業、智慧金融、智慧零售、智慧農業、智慧製造、智慧交通、智慧醫療、治安維護、無人機快遞甚至 AI 撰稿記者與 AI 廚神等，智慧物聯網 AIoT 讓人們生活更便利、更安全，AI 會越來越智慧，協助人類做更多的事。例如，2019 年 12 月中國大陸爆發新冠肺炎，2020 年 1 月 25 日，美國也出現 2 個確診案例，為防止病毒進一步傳染，美國首開機器人救治先例，將裝備有攝影鏡頭、麥克風和聽診器的機器人，安置於病患隔離病房內，醫生則在隔離室外操作機器人，降低醫護人員近距離接觸病患的風險。因此，培養 AI 科技素養是非常重要的，懂得與科技對話更是未來必備的技能，科技始終來自於人性，科技創新就是為了讓人類更幸福，所以未來智慧生活應該能分成三大部分：『1. 人類主導；2. 人類與機器人協作 3.AI 與機器人協作』，不管是哪一部分，都一定需要人類，只是工作態度與模式發生了轉變。人類獨有的關愛、同理、互助、情感、可靠、希望、洞察力、批判性、獨立性、抽象性思考及創造性思維，讓每個人都是獨一無二的個體，提升自己存在的價值，「有心有溫度有腦子」就別怕沒有一席之地，培養 AI 科技素養，瞭解、熟悉，而不是依賴 AI，懂得如何善用才能夠駕馭 AI，讓人類生活的環境更美好，定能掌握 AI，擁抱幸福！

測驗

選擇題

1. ＿＿＿ 何者不是專業的內涵？
   A. 知識技術　　　B. 模仿大眾　　　C. 領導決策　　　D. 溝通統合

2. ＿＿＿ GSM 和國際漫遊有很大的關係，什麼是 GSM ？
   A. 全球行動通訊系統　B. 行動通訊技術　C. 商品和服務稅　D. 手機品牌

3. ＿＿＿ 請選出下列網路進化的順序
   甲：類比訊號　　　　　乙：寬頻技術　　　　　丙：物聯網
   丁：串流媒體　　　　　戊：無線通訊　　　　　己：數位語音
   A. 甲乙丙丁戊己　B. 乙丙丁甲己戊　C. 己甲丁丙戊乙　D. 戊甲己乙丁丙

4. ＿＿＿ 下列哪種無線通訊標準比較適合應用於車聯網和物聯網？
   A.2G　B. 衛星通訊　C.5G　D 802.11

5. ＿＿＿ 在 100Mbps 的網路中，將 1000 位元的資料傳送到網路線路上需時多少？
   A .0.01 毫秒 (ms)　B. 0.1 毫秒 (ms)　C. 1 毫秒 (ms)　D. 1 微秒 (μs)

6. ＿＿＿ 索菲亞 (Sophia) 是由香港的漢森機器人技術公司 (Hanson Robotics) 開發的人類機器人，她 (它) 還沒辦法做到什麼？
   A. 自我介紹　B. 基本的對話　C. 人性化思考與表達　D. 做出喜怒哀樂的表情

7. ＿＿＿ 未來世界中，什麼樣的職業可能被 AI 取代？
   A. 人力資源管理師　B. 智慧城市規劃設計師　C. 演算法開發人員
   D. 交通工具駕駛人員

8. ＿＿＿ 工業 4.0 的重點在發展什麼？
   A. 使用電子裝置級資訊技術 (IT)，導入自動化生產　B. 機械取代手工
   C. 從需求出發，智慧製造與生產　D. 使用電力，生產線推動大量生產

9. ____ 何者不是 AI 容易取代職業類型的共同點？

A. 技術層面變化高　B. 目標明確　C. 不須設計　D. 步驟制式

10. ____ Amazon 如何避開 2000 年的網路泡沫化？

(A) 迅速購買大量機器人　(B) 快速投資相同企業　(C) 馬上轉型　(D) 求穩不求快速擴張的商業經營模式

測驗答案：1.B 2.A 3.D 4.C 5.A 6.C 7.D 8.C 9.A 10.D

☼ 延伸思考

(1) 未來教育環境中，AI 機器人的記憶知識可能比人類教師更豐富，教學時也不太會出錯，學生上課能看影片學習，也可以直接在家自主學習。你認為 AI 有可能取代老師嗎？能取代的部分是什麼？不能取代的又是什麼？

(2) 蛀牙的你準備要去看牙醫，面前有兩家診所，一家無人牙醫診所，裡面有機器人牙醫生，技術專業且精確；另一家是人開的，比較瞭解你牙疼的感受，你會如何選擇？

(3) 你在網路上訂購一款商品，收到時發現網購的商品有瑕疵，有兩種專線，一是真人客服或二是機器人智能客服，機器人能夠快速幫你解決退貨或換貨，另一方面，真人店員處理速度可能比較慢，但可以和他進行更人性化的討論，你會想選擇哪個？

(4) 午餐時間，你走進一家餐廳，餐點送達時發現食物品質不好，當你想找服務員理論並表達你的不滿，機器人服務員它卻無法瞭解你的感受，你該怎麼辦？

(5) 你覺得可以培養自己那些能力才不會被 AI 取代？

👉 參考資料

潘乃欣（民 106 年 10 月）。即將被 AI 取代的 1 0 個職業。快樂工作人雜誌。

陳碧芬（民 106 年 10 月 13 日）。AI 世代來臨 6 職業將消失。中時電子報。

簡立峰 vs. 王文華（民 106 年 10 月）。只要不變成機器人，機器就不會變成人。快樂工作人雜誌。

吳筱雯（民 106 年 6 月）。張忠謀：4 種人不怕 AI 來襲。中時電子報。

吳元熙（民 108 年 7 月）。跟 4G 不一樣在哪？5G 白話文快速看懂技術差異。數位時代。

人工智慧的應用：
自動駕駛

臺北市南湖高中 吳秀宜老師

前言

　　隨著資訊科技的日新月異，人工智慧、AI 大數據、5G、深度學習、獎勵函式（Reward Function）、類神經網路演算法等科技迅速發展，會跑的電腦機器人：自動駕駛電動車（Autopilot electric vehicles）應運而生，透過語音辨識系統、電腦視覺系統、先進駕駛輔助系統、車聯網（Internet of Vehicles, IoV）等功能技術，逐步實現人類科幻車夢想。

6-1 自動駕駛趨勢

　　科技始終來自於人性，未來不是夢！經典影輯「霹靂遊俠」是頗受大眾歡迎的一部影集，其片頭語「霹靂車！尖端科技的結晶，是一部人性化的萬能電腦車，出現在我們這個無奇不有的世界，刀槍不入，無所不能！⋯」道盡了霹靂車人工智慧的性能，深深地烙印在影迷們的印象當中。許多人心目中都有霹靂車的夢想，甚至有些人為了實現夢想，花錢買美國通用汽車公司研發的火鳥原型車及相關車用零組件，來改裝成復刻版的霹靂車。

　　近年來拜人工智慧先進駕駛輔助系統、語音辨識系統、電腦視覺系統等科技快速發展之賜，讓車子逐漸擁有霹靂車許多超炫功能，包

（圖 6-1 南湖高中展示台灣 1st 特斯拉電動車超跑 Tesla Roadster 引發學生學習動機）

括：自動駕駛，語音聲控、衛星導航，召喚等，都幾乎可以實現了。例如：現代各家車廠競相研發的新車，Google 自駕車，特斯拉電動車、BMW 油電車等，都具備自動輔助駕駛和智慧召喚、語音聲控及衛星導航的功能。甚至有些車廠已經開始著手研發自動駕駛飛天車，解決交通運輸在速度與塞車的問題，實現人們夢想中的科幻車！

　　自動駕駛產業的高速發展，相關論壇、研討會、概念車發佈會等等活動也越來越多。臺北市立南湖高中亦於 2017 年辦理電動車新科技講座，邀請曾任職美國 NASA 及 Tesla，參與研發多款特斯拉電動車的核心技術員 Azizi Tucker 來演講，與臺灣松下董事長洪裕鈞商借展示人類劃時代的作品，臺灣第一部電動車超跑 Tesla Roadster，引發學生的學習興趣與動機！這款超跑於 2018 年由企業家馬斯克的 SpaceX 火箭發射至太空旅行，並在網路線上直播，宛如機器人 Starman 開著 Tesla 電動車超跑載著大家太空旅行，自動駕駛飛往火星！

　　自動駕駛 (Autopilot) 又稱無人駕駛，目前的技術尚未達到完全不需要人類操作，就能自動感測周遭環境並即時精確導航的境界。產業界對自駕車的定義採用國際自動機工程師學會 (Society of Automotive Engineers, SAE) J3016 的標準，根據駕駛輔助的程度至完全自動化駕駛，將自駕技術分為六級：表 6-1。

分級	定義	車輛種類
Level 0	駕駛全程完全操控，完全無自動。	早期的機械式車輛。
Level 1	駕駛者自行操作車輛，有時個別的裝置能發揮作用，如：車道偏離警告或防鎖死煞車系統…等。	市面上絕大部分的車子都是這個等級。

Level 2	車輛的輔助系統能發揮作用讓駕駛明顯減輕操作負擔，如：主動式巡航定速 ACC，結合自動跟車和車道偏離警示搭配自動緊急煞停系統 AEBS，自動變換車道、下交流道與停車場召喚等功能。	目前 Tesla Auto-Pilot 有此等級，其他車廠也有類似的輔助駕駛系統。
Level 3	車輛可以在大部分情況自行駕駛，但駕駛者仍需隨時準備控制車輛，自動駕駛輔助控制期間，如跟車時，雖然可以暫時免於操作，但當車子偵測到需要駕駛者的情形時，駕駛必須立即接手因應系統無力處理的狀況。	市面上達此等級的自動駕駛車輛是 Audi A8，Tesla 與部分車廠跟進中。
Level 4	駕駛者可在條件允許下讓車輛完整自駕，不必介入控制，乘客應監看車輛運作，車內依然有方向盤提供乘客介入使用，原則上此等級在都市各種智慧城市交通輔助設施基礎建設完善後，即可能實現。	目前試驗車上大都有工程師隨時準備介入，在美國部分區域也已經有此等級自駕車開始做接送乘客服務。
Level 5	完全自動駕駛，此時駕駛者不必在車內，車內也不會有「方向盤」設計，乘客任何時刻都不會控制到車輛。	Tesla 預計 2020 年底將達到此等級全自動駕駛。

(表 6-1 自動駕駛車分級　　　　　　　　資料參考來源：SAE，車輛中心 (ARTC)

　　自動駕駛車的趨勢銳不可擋！許多車廠都投資大量資源於自動駕駛車的研發，鼓勵零組件廠商配合轉型、半導體科技公司發展人工智慧科技，各國政府也為自動駕駛時代來臨作各項準備，著手建立相應的政策法規，如：臺灣 2018 年通過無人載具創新科技實驗條例，2019 年開始施行，帶領在地自動駕駛車產業疾駛前行。

　　無人載具科技創新實驗條例中，對無人載具定義：指車輛、航空

器、船舶或其結合之無人駕駛交通運輸工具,透過遠端控制或自動操作而運行,且具備以下技術:

1. 感測技術:可偵測及辨識行駛過程之周遭環境或事件狀況之訊息。

2. 定位技術:藉由導航模組或資通訊應用,可進行定位輔助、地理位置傳達,並協助路徑及任務等規劃。

3. 監控技術:監控操作人員透過自動系統與無人載具間保有持續與雙向之通訊連結,得以掌控整體運程,並得隨時取得無人載具之完全控制權。

4. 決策及控制技術:綜合前三目技術所提供之資訊,進行路徑及任務規劃之決策判斷,進而控制無人載具之因應方式或運行。

　　臺灣不同於日韓、歐美有多年豐富的汽車發展經驗,卻能在短短幾年將自駕車產業的發展快進到實證上路的階段,都是因為無人載具科技創新實驗條例的立法與施行。自駕車上路,需要完善的配套設施,包含:路段的高精圖資、號誌資訊及自駕決策系統等,因此廠商業者相互組團,與電信服務商、圖資業者、交通資訊供應商及傳統客運業者等合作,共同提案申請。可見自駕車的上路,不只是資訊通訊科技 ICT 對交通產業的衝擊,具備大量感測設備的車輛上路,也將改變城市的管理、運作發展與商業模式。

　　根基於政府將無人載具入法,在嚴謹的交通產業中,讓新興的智慧交通應用得以快速實踐,自駕車快速發展,也因為通訊條件趨於穩

定、設備運算速度效能提升及 AI 發展趨於實踐，促成臺灣第一部自駕車 2020 年上路營運。未來車聯網服務將漸趨普及，全新的城市數據管理方式、智慧交控等應用自駕車產業也將逐步建置。圖資業者、共享業者、邊緣運算業者、路燈業者、運輸資訊業者等，都會加入自駕車產業的版圖。交通部計畫智慧運輸系統發展建設完成後，將接著進行五年規模 60 億智慧運輸計畫，投入自駕車示範場域的建設。臺灣共享運輸、數位基礎建設發展及自駕車產業的趨勢，將為未來道路帶來全新景象！

6-2 自動駕駛結構

　　自動駕駛車的主要結構包括三個部分：各種感測器、駕駛控制系統及能源動力系統，其中駕駛控制系統包括：AI 高速運算晶片，人機溝通介面、導航系統、圖資系統與車聯網之車間溝通，應用程式軟體

IMAGING DEVICES

視覺相機
盲點偵測、側視（無後照鏡車）、行車紀錄器、倒車輔助
立體相機：辨識 LDWS 與號誌的方向 / 距離

3D 相機
手勢辨識
在場偵測、駕駛監測

長距離雷達
自動巡航控制

夜視相機
偵測行人 / 動物

短距離雷達
前 & 後煞車

LIDADR
3D 周遭環境地圖

航位推算感測器
測距

超音波
停車、行人 & 障礙物偵測

（圖 6-2 自動駕駛車感測器裝置　　　　　　　資料來源：Yole Développement)

系統等，感測器配備包含多個高速動態攝影機組、3D 立體圖像鏡頭、紅外線雷達、超聲波雷達、毫米波雷達、光學雷射雷達、輪速感測編碼器及 GPS 定位感測器等，各種相關軟硬體設備結構，如圖 6-2。車上所裝設的光學雷射雷達 (LIDAR)，可進行 360 度旋轉，掃描周遭 200 公尺內的環境並繪成 3D 地圖；左後輪裝置的定位感測器，用於測量車子的移動，監控車輛是否偏移 GPS 地圖中位置；車體周邊裝上的各種雷達感應器，協助判斷車輛遠距離物體的位置與其距離，使自動駕駛車能更加安全行進。如果以人體來比喻自動駕駛車的運作，其車用攝影機與 360°雷射雷達猶如眼睛，全方位掃描周邊環境；車身雷達感測器如觸覺，評估車輛的所在位置、監測後方車輛的距離；GPS 導航與馬達如手腳，定位車輛目前所在位置；電腦晶片與資料庫如大腦，將即時資訊透過網路連接至雲端，進行高速數據交換與比對，決策後下達行駛指令，使車輛對各種交通狀況能做出正確的反應。

先進駕駛輔助系統 (ADAS) 是近年來車廠積極發展的智慧車技術，也是將來達到無人駕駛智慧車輛境界技術的進階過程，使車輛行駛能更加智慧和安全。ADAS 的主要功能並不是要控制車子，而是為駕駛人提供車輛的工作情形與車外環境變化等相關資訊，並進行快速分析，預先警告可能發生的危險狀況，讓駕駛人能提早採取因應措施，避免交通意外發生。ADAS 結構是由多達 9 個系統所組成，包括：盲點偵測系統、支持型停車輔助系統、後方碰撞警示系統、偏離車道警示系統、緩解撞擊煞車系統、適路性車燈系統、夜視系統、主動車距控制巡航系統、碰撞預防系統，甚至更多功能，如表 6-2。

系統程序	説明
收集資訊的感測器	各種系統需要搭配不同的感測器：包含毫米波雷達、超聲波雷達、紅外線雷達、雷射雷達、電荷耦合器件，影像感測器及輪速感測器等，收集整車的工作狀態及其參數變化情形，將不斷變化的機械運動變成電參數，即電壓、電阻及電流，如：車道偏離警告系統需使用影像感測器、適應性定速控制則通常使用雷達等。
電子控制單元	將感測器所收集到的資訊進行快速分析處理，然後再向其控制的裝置輸出控制訊號。其軟硬體包括：AI 高速運算晶片，控制程式軟體等。
車體執行設備	依據電子控制單元輸出的訊號，透過能源動力系統讓車子完成動作執行。其中能源可來自石油及鋰電池等，動力由內燃機引擎及電動馬達提供，技術革新漸漸自人為的操作轉為 AI 操控。此外車體架構的安全性與流體力學及美學結合，亦是重要的造車工藝，影響自駕車效能。

（表 6-2　ADAS 各項系統主要的三個程序）

先進駕駛輔助系統可提供的輔助駕駛功能如：自適應巡航控制、自動緊急煞車系統和車道維持輔助系統等。感測器的優化是自動無人駕駛車發展的基石，透過改進感測器的技術和增加處理器的速度效能，能使車輛更加充份熟悉並對環境做出適當反應。例如攝影鏡頭加上紅外線雷達，使車輛於夜間行駛時也可進行某種程度上的電腦視覺顯示。但攝影鏡頭經常面臨許多與人眼相同的限制，如：需要清晰的鏡頭才能正確觀察車輛的周邊環境，在惡劣天氣下無法提供清晰可靠的影像。到了晚上，攝影畫面品質通常更差，大幅地降低影像辨識準確度。此外攝影機技術在提供自動駕駛視覺辨識還有另一個限制，就是沒有人腦的認知能力來判斷所見，鏡頭必須依賴後端神經網路的複雜運算預測，意即需要事先以大量的影像資料數據訓練 AI 模型，並仰賴電子晶片快速處理能力。

　　為了克服攝影鏡頭的限制，自動駕駛車需安裝幾乎不受惡劣天氣影響的雷達，在黑暗、潮濕甚至大霧天氣下也可正常運作。雷達的工作原理是向目的地區域發射無線電波，並監測所有物體的反射，分析這些反射的頻率來計算其相對速度。如今雷達已經廣泛應用於道路安全維護，現代許多車輛也使用雷達感測器進行危險探測和範圍偵測，功能包括：自適應巡航控制系統 (ACC) 和自動緊急煞車系統 (AEB) 等。這些技術有賴於來自多個雷達感測器的資訊，這些資訊再由車載電腦進行分析，以識別車輛安全或危險的距離、方向及相對速度，雷達感測器技術還可用來精確計算飛機、船隻和其他移動物體的位置、速度和方向。依據傳輸介質不同，我們可將其分為超聲波雷達、紅外線雷達、雷射雷達、微波雷達及光學雷達，各類傳輸優缺點如下表 6-3。

雷達種類	優缺點
超聲波雷達 紅外線雷達	其測量距離相對雷射雷達及毫米波雷達較短，主要應用於車輛停車輔助系統。其中超音波雷達應用於倒車輔助系統較多，而紅外線雷達則應用於夜視系統。
雷射雷達	方向性高、測量精度高、測量距離較長，但在雨、雪、霧等惡劣環境，測量性能會下降，多使用於預防碰撞警示及盲點偵測警示系統。按測量原理可分為脈衝式激光測距雷達和相位式激光測距雷達。
微波雷達	依據測量原理不同，可分為脈衝調頻 (PFM) 和調頻連續波 (FMCW)，使用頻率主要集中在 23~24，60~61，76~77GHz 三個頻段，波長均為毫米級，故又稱為毫米波雷達，其測量距離遠、運行較穩定，較不受外在天候影響，可測量車輛之間的距離及相對速度，但其穿透力較差，通常應用於碰撞預防系統、主動車距控制巡航系統、停車輔助系統及緩解撞擊剎車系統等。
光學雷達	又稱光達 (LIDAR)，使用與雷達相似的無形鐳射光測量與物體的距離。光達可測量數千個點，建構感測器周圍環境極佳的 3D 視圖細節。在車輛駕駛中，能提供最詳細的路況，發覺用路人和車輛周圍的潛在危險，還能以最高 2 釐米的精度，深測高達 100 公尺左右的距離，不受惡劣天氣條件的影響，可用來繪製大雪中無法進入的區域。其車輛輔助駕駛的應用包括：前車跟隨、邊線維持、障礙物偵測等。

(表 6-3 各種雷達傳輸的優缺點)

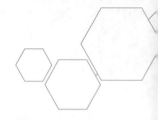

除了感測器結構之外，車聯網是物聯網在交通領域的具體呈現與應用，透過無線網路技術，讓車輛連上網際網路，並且從中衍伸各項用途，如：車載通訊系統中，機動車輛間基於無線的數據傳輸 (V to V)，以及更近一步的車聯萬物通信 (V to X) 等，如表 6-4。連上網路的車輛不但可以透過網路資通訊技術得知周邊所有人車交通環境的狀況以即時應變，還可使車輛從原本最基礎的交通運輸工具，成為結合通訊、娛樂與生活的行動載具。智慧車亦可成為住家、工作場所之外，另一個可以結合娛樂、家居與工作功能的智慧空間。要實現智慧車聯網的夢想，車與交通環境的準確溝通，需打造以高速 5G 網路為基礎，道路、標示與設備均智慧化的交通環境，才能夠實現即時交通資訊交換，而這一切都需要相關技術效能與營建品質的提升與發展。

車聯萬物通信 (V to X) Vehicle-to-everything,	Vehicle-to-Vehicle, V to V	車與車互聯
	Vehicle-to-Road, V to R	車與道路互聯
	Vehicle-to-Infrastructure, V to I	車與設施互聯
	Vehicle-to-Person, V to P	車與行人互聯

(表 6-4 車聯萬物通信 (Vehicle-to-everything, V to X))

6-3 自動駕駛深度學習

　　自動駕駛所採用的軟體架構多為深度學習，使機器具有自主學習的能力，可在不斷學習的過程中，逐漸增進其駕駛技能，提升車輛行駛安全，以下就深度學習在自動駕駛功能與教育應用進行介紹。我們在前面的章節曾提到，深度學習是一種類神經網路演算法，可模擬生物神經網路的結構和功能，像是人類的中樞神經系統，利用數學模型模擬生物的神經連結，仿造人腦完成複雜的圖型辨識動作，以分析學習的機制來理解大量的資料。深度學習在自動駕駛車輛上的運用如圖6-3，搭配車輛硬體建立軟體發展平臺，布署符合規範的演算邏輯，

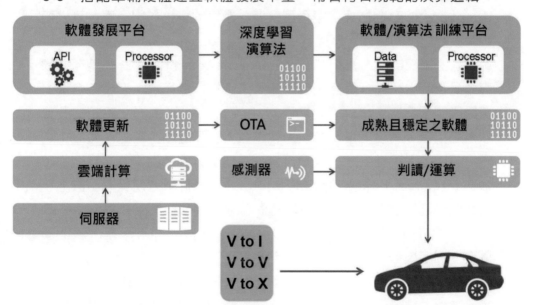

(圖 6-3 深度學習在自動駕駛的運用　資料來源：Frost & Sullivan；車輛中心 (ARTC) 整理)

並與其他控制系統即時溝通。而在雲端連線方面，自動駕駛車輛必須以車聯網方式保持軟體更新狀態，瞭解周遭環境變化立即資訊，避免資訊過時造成危險。最後，車輛感測器將提供即時路況資訊給電腦計算並判讀，幫助車輛計算並判讀做出正確決策，確保乘客安全抵達目的地。

　　亞馬遜網路服務公司 (Amazon Web Services, AWS) 為了讓 AI 更普及化，舉辦自動駕駛的迷你車 DeepRacer 競賽，筆者吳秀宜老師亦有參與 2019 年臺北場賽事。競賽的賽車是由 AWS 所推出將實物按原比例縮小為 1/18 的四輪驅動車，內建 CPU 及深度學習攝影機 DeepLens，來幫助 AI 自駕模型快速對環境的變化作出反應，其外殼也有減震防撞的功效。參賽選手需先使用 Amason SageMaker RL 平臺，線上訓練自駕車強化 (Reinforcement Learning, RL) 模型。根據賽車是否超出賽道、是否正確轉彎、是否蛇行等行為，來給定合適的獎勵與懲罰參數，也就是獎勵函數 (Reward Function)，給定的參數數值越精確，其模型學習的能力就越強。除了獎勵函數的參數設定之外，要讓模型表現更好，還得再進一步調整深度強化學習演算法的超參數 (Proximal Policy Optimization,PPO)。初學者從獎勵函數下手會比較有趣。然而，儘管 AWS 提供了強化學習模型的訓練平臺，參加比賽的成本並不低，不論是使用 AWS SageMaker 平臺、線上模擬賽道訓練模型，或是提交模型參賽都要花錢。2019 年 DeepRacer 參賽好手孫振綸也提到他從虛擬賽到實體賽期間總共花費大約 700 美金。從線上訓練自駕車收集大數據要收費，可見大數據可能是未來的石油。國立交通大學資工系電腦遊戲與智慧實驗室碩士班研究生朱詠嘉，在獲得 2019 年 AWS 自動駕駛迷你車競賽 (AWS DeepRacer

League) 臺灣區臺北場的冠軍之後，獲得免費前往參加在拉斯維加斯舉辦的世界盃 DeepRacer 比賽資格，在來自世界各國賽車冠軍的競爭激烈比賽中，打敗一群頂尖的 AI 工程師，榮獲全球第三名的佳績 (翁芊儒，民 109 年)。而如何設計出能適應環境順利跑完賽道的自動駕駛演算法，提高強化學習模型的表現，是所有對參加自動駕駛車競賽有興趣的學生們想瞭解的問題，因此在本章節的延伸思考題中，我們請學生至 AWS DeepRacer 網站分析參賽步驟與參賽奪冠的能力需求。

隨著國內外各大專院校紛紛增設 AI 相關系所，並為豐富高中生學習歷程，臺北市教育局自 108 學年度第 2 學期起，推動 AI 課程試辦計畫，補助參與學校每校 20 臺自走車及 48 小時的師培課程。讓高中生能親自動手參與實作，透過程式編寫，訓練並打造專屬的「機器人」。參與學校使用的 AI 自走車，採用 Jetson Nano 系統的 NVIDIA JetBot，是個身懷強大實力的小巧機器人。Jetson Nano 支援高解析度感應器、可平行處理多個感應器，其運算效能可在各感應器串流上運行 AI 神經網路，賦予 JetBot 高速處理電腦視覺圖像大數據的性能。透過 JetBot，學生不但可以學到怎麼訓練和部署深度學習模型，還能夠學到如何收集資料集，以及如何對使用機載攝影機拍攝到的影像加上標籤，教機器人怎麼避免碰撞，完成自動駕駛流程。

這部 AI 自走車 JetBot 具備程式語言編寫、圖像辨識及機器學習等功能，學生也可以實際組裝自走車的感測裝置，如紅外線、超音波、攝影機，組裝自走車的馬達、晶片，並且透過程式編寫，讓自走車擁有各種機器學習能力，例如讓自走車拍攝畫面，判斷何種情況該

左轉、右轉，轉彎時先打方向燈等，學校可透過相關課程做資訊科技相關跨領域的整合，再加上數學應用，讓學生學習邏輯思考，養成運算思維能力。人工智慧學習中很講求探究與實作，也就是學生除了課本學習，還要親自動手實際操作，體驗在嘗試錯誤過程中發現解決方法，並想辦法精進，進而對 AI 有更進一步具體完整的認識。

6-4 自動駕駛發展

　　自動駕駛車實現需以人工智慧、先進駕駛輔助系統與車聯網等科技做為基礎，各家廠商較難以憑一己之力來研發完成。自駕車產業主要是由整車廠、晶片業者、零組件供應商，以及運輸網路公司等科技公司，相互技術支援合作構成產業鏈。廠商之開發趨勢大致可分為兩種方向：

1. 發展自動駕駛乘用車型：整車廠將原有車輛製造能力延伸，開發搭載自動駕駛技術的車款，努力擴大自動駕駛車的適用範圍，由單純路況的高速公路延伸至市區道路複雜環境。

2. 移動即服務的車隊模式：透過人工智慧車聯網，以實現自駕車共享、即時叫車或物流配送等商業用途為目的，如：自動駕駛計程車服務的研發。

　　將感測器所收集到的資訊進行分析處理後，再即時向控制的裝置輸出控制訊號，這過程需要高速運算晶片，電動車大廠特斯拉推出了自己研發的自駕車雙核心架構晶片，宣稱其晶片的性能超越在自駕車晶片領域上的主流 NVIDIA 晶片表現。特斯拉在晶片中還內建置了 Safety System 安全系統，以保證控制系統運行的安全穩定，可見廠商在自動駕駛領域的競爭與合作是未來的趨勢。未來全自動駕駛除了在技術上持續開發突破之外，尚有立法、道德及商業相關之許多議題有待釐清，例如：自動駕駛肇事責任是否全權由車廠負責？車輛應優先保護乘客或是行人？車輛保險之形式應如何演化？都是當全自動駕駛車商業化之後，將為車輛產業及運輸環境帶來極大的變化。時代在進步，社會在改變，高中職生將來畢業後所面臨的即是 AI 自動駕駛車的時代，未來的主人翁對於自駕車發展情形以及未來趨勢，當然也要有所認知！

測驗

選擇題

1. ＿＿＿ 無人載具創新科技實驗條例中，對無人載具定義，以下列何者
為非？
A. 指指車輛、航空器、船舶或其結合之無人駕駛交通運輸工具
B. 可透過遠端控制或自動操作而運行
C. 可切換運動駕駛模式
D. 具備決策及控制技術
E. 具備感測技術

2. ＿＿＿ 自駕車根據駕駛輔助至完全自動駕駛的程度區分為哪幾級？
A. Level 0~Level 5　B. Level 1~Level 6　C. Level 0~Level 3
D. Level 1~Level 5　E. Level 1~Level 3

3. ＿＿＿ 自動駕駛車的主要結構不包括
A. 紅外線雷達感測器　B. 高速運算晶片　C. 電子控制系統
D. 渦輪增壓系統　E. 能源動力系統

4. ＿＿＿ 自駕車先進駕駛輔助系統 (ADAS)，由多個系統所組成但不包括：
A. 盲點偵測系統　B. 視聽娛樂系統　C. 停車輔助系統
D. 偏離車道警示系統　E. 主動車距控制巡航系統

5. ＿＿＿ 自駕車雷達感測器技術還可用來精確計算物體的位置、速度和方
向。其中毫米波雷達及光學雷達的差異是
A. 測量距離遠、運行穩定
B. 構建感測器周圍環境 3D 視圖細節
C. 不受外在天候影響
D. 高方向性、測量精度高
E. 可測量車輛間的距離及相對速度

測驗答案：1.C 2.A 3.D 4.B 5.B

延伸思考參考答案：

參賽步驟：

模擬器 ──────────→ 賽車 ──────────→ 聯盟

| 在 Amazon SageMaker 建立模型，然後在 AWS DeepRacer 3D 賽車模擬器賽道快速輕鬆地訓練、測試和重複進行。 | 當您將強化學習模型部署至 AWS DeepRacer，即可體驗真實賽車的精彩刺激感受。 | 參加世界上第一個全球自動駕駛賽車聯賽爭奪獎項和榮耀，並有機會晉級冠軍盃。 |

參賽奪冠的能力需求：

1. 參賽熱忱 2. 信用卡付訓練費 3. 英語閱讀能力 4. 能在 Amazon SageMaker 建立模型 5. 人工智慧強化學習與獎勵函式的概念 6. 程式撰寫能力

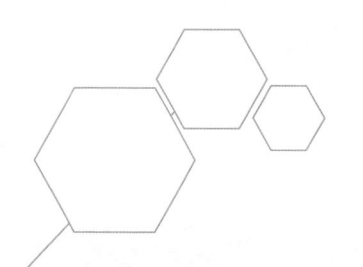

◎ 延伸思考

未來的開發人員們，發動您的引擎！無論您的水準如何，都可以在 DeepRacer 將賽車競賽只透過以逐漸深奧的基於 3D 賽車模擬器，由強化式會更輕鬆動的 1/18 比例自動賽車和完整車競賽品開來鍛鍊自駕聯盟機等奪冠。讓您贏得 AWS DeepRacer 網站分析等先關前參賽的奪冠的能力需求。

👉 參考資料

自動駕駛汽車。維基百科，自由的百科全書。

李逸涵（民 108 年 12 月 31 日）。【自駕車專輯】臺灣自駕車產業大事年表（之一）。DIGITIMES。

威盛視角（民 108 年 10 月 4 日）。攝影鏡頭、雷達或是光學雷達感測器最適合自動駕駛車輛。威盛新聞。

李逸涵（民 108 年 12 月 31 日）。【自駕車專輯】實證補助上路前 臺灣自駕車發展中場盤點（之二）。DIGITIMES。

Atkinson(民 108 年 4 月 23 日)。剖析特斯拉自研自駕晶片優勢，連知名分析師也看好。科技新報。

陳敬典（民 107 年）。自動駕駛車發展現況與未來趨勢。車輛研測專刊。

中央法規（民 107 年 12 月 19 日）。無人載具科技創新實驗條例。全國法規資料庫。

李綱（民 108 年 3 月 31 日）。自動駕駛技術的歷史、現況及未來展望。臺灣大學機械系電子報 Vol.12,No.1。

李逸涵（民 109 年 1 月 22 日）。2019 智慧交通回顧。DIGITIMES。

電腦王阿達（民 108 年 4 月 6 日）。SAE 車輛自動駕駛等級分類。電腦王阿達最專業的 3C 產品 APP 評測網。

KellyPan(民 107 年 10 月 17 日)。自動駕駛車。DJ 財經百科。

Superkoch(民 106 年 3 月 13 日)。車用 ADAS 系統。DJ 財經百科。

林志平(民 106 年 11 月)。應用於自駕車的光達(Lidar)。科學月刊／科技報導,201711-431 期,科技產業。

元大證券國際金融業務部(民 107 年 4 月 2 日)。智慧手機最大革命:車聯網來了。鉅亨新聞。

張凱喬 (民 105 年)。深度學習應用於自動駕駛之功能概要介紹。財團法人車輛研究測試中心知識庫。

翁芊儒(民 108 年 6 月 14 日)。AWS 首度在臺北舉行自動駕駛迷你車比賽,吸引超過百位參加者,連學生和軟體工程師都來。iThome 新聞。

翁芊儒(民 109 年 1 月 10 日)。交大學生如何在 AWS 迷你自駕車賽奪下世界第三?讓 RL 模型克服真實環境變化是關鍵。iThome 新聞。

簡若羽(民 108 年 11 月 4 日)。機器人陪上課!高中生最潮「必修」。三立新聞網。

Brian Caulfield(民 108 年 3 月 26 日)。搭載 Jetson Nano 系統、價值 250 美元的 DIY 自動機器人 JetBot,在 GTC 大會讓人驚艷。NVIDIA 企業部落格。

Atkinson(民 108 年 04 月 23 日)。剖析特斯拉自研自駕晶片優勢,連知名分析師也看好。科技新報。

單元七

人工智慧的應用：
智慧醫療

臺北市南湖高中 吳秀宜老師

　　世界衛生組織 (WHO) 對「智慧醫療」定義為「資通訊科技在醫療及健康領域的應用，包括：醫療照護、疾病管理、公共衛生監測、教育和研究。」即是運用資通訊技術，如深度學習來訓練醫學影像 AI 視覺辨識技術於醫療照護，快速建立具高效率與準確度的醫療輔助診斷系統，針對人類各種器官與各類疾病的病理與治療積極投入研究，跨越地理及時間限制，以人為核心，提供個人化的醫療或健康管理服務，如電子病歷、健康資料庫大數據加值運用，提升醫療資源使用效率及品質。

7-1 智慧醫療趨勢

　　人工智慧、手機、社群網絡、互聯網應用等技術的發展，不僅改變了人與人間溝通的方式，更帶動智慧醫療技術的創新與開發，透過健康資訊的取得、個人生理資訊的追蹤，強化醫事人員與使用者連接，可改善醫療效率，打破傳統醫療模式的地理限制及時間框架。隨著高齡化與少子化現象加劇，醫療人力的短缺，更加促進發展人工智慧輔助醫療和精準醫療的需求。許多國家積極推展 AI 醫療照護政策，韓國於 2016 年選定 AI 為國家戰略計畫，成立國家級 AI 老人照護中心，日本也於 2017 年公布醫療保健產業為其 AI 三階段工程之一，英國則於 2018 年宣布，從愛丁堡、牛津及里茲等城市開始推動全新的 AI 保健產業，應用 AI 技術協助醫療診斷，預估 15 年內可降低國內 10% 癌症死亡人數。於此同時，倫敦大學醫院與圖靈研究所合作，成立 AI 系統接手該院部分醫事人員的工作，以提升醫療服務與效率。此外，國際著名的科技大廠也都積極在智慧醫療生技領域投資布局，例如 AI 醫療影像診斷將被越來越廣泛地應用到各種疾病的臨床診療中，使診斷的時間縮短、準確度與可靠度提升、呈現數據統計資料的速度更快，直接有效幫助臨床醫療與照顧，避免人工過勞，並精簡醫療成本。美國食品藥物管理局（FDA）於 2018 年就核准 12 項醫療影像 AI 系統產品，由此可見智慧醫療之熱門程度！

　　臺灣政府亦大力推動 AI 研究與產業發展的政策，科技部於 2018 年啟動 AI 創新研究中心計畫，分別在臺灣大學、成功大學、清華大學及交通大學成立 AI 創新研究中心。其中與成功大學「科技部人工智慧生技醫療創新研究中心」，專注於生技醫療的研究，其智慧醫療方面的研究包含：阿茲海默氏症早期檢測、核磁共振影像快速重建、結核分枝桿菌鑑定、肝活體組織切片影像分析及生醫影像類神經電路

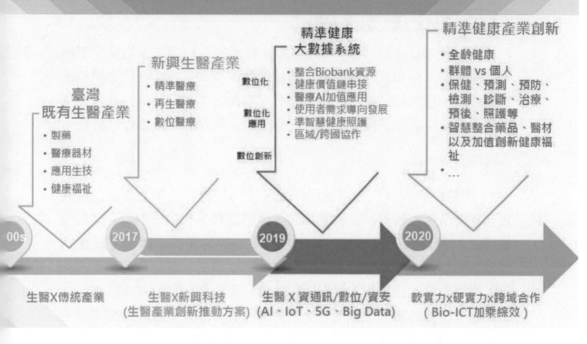

以精準健康帶動臺灣生醫產業之數位轉型

臺灣既有生醫產業
- 製藥
- 醫療器材
- 應用生技
- 健康福祉

新興生醫產業
- 精準醫療
- 再生醫療
- 數位醫療

數位化

數位化應用

數位創新

精準健康大數據系統
- 整合Biobank資源
- 健康價值鏈串接
- 醫療AI加值應用
- 使用者需求導向發展
- 準智慧健康照護
- 區域/跨國協作

精準健康產業創新
- 全齡健康
- 群體 vs 個人
- 保健、預測、預防、檢測、診斷、治療、預後、照護等
- 智慧整合藥品、醫材以及加值創新健康福祉
- ...

| 00s | 2017 | 2019 | 2020 |

生醫X傳統產業　　　生醫X新興科技　　　生醫 X 資通訊/數位/資安　　軟實力x硬實力x跨域合作
　　　　　　　　　(生醫產業創新推動方案)　(AI、IoT、5G、Big Data)　　（Bio-ICT加乘綜效）

（圖 7-1 臺灣智慧醫療發展趨勢　　　　　　　參考資料來源：行政院科技會報）

驗證平臺。智慧照護的研究則包含：高齡健康促進系統、老年人和糖尿病患者的居家照護機器人及超高齡社會的健康生活等。除了積極從事各項技術研發之外，也進行生物醫學影像及醫療紀錄大數據的資料庫蒐集。

臺灣智慧醫療發展趨勢，如圖 7-1，臺灣邁入精準健康產業創新的階段，以優異的醫療水準，基礎雄厚的資通訊技術，儼然已具備讓 AI 醫療照護技術與產業發展的良好條件。雖然醫療照護產業通常需要的熟成期較久，相信在產官學研界努力下，智慧醫療的專業與應用水準將繼續提升。

7-2 醫療數據資料庫

醫療領域的 AI 應用中需要建置大數據的資料庫。其數據來源除了從傳統的醫療模式取得的生理數據或醫學影像之外，在資通訊技術的發展下，還能夠通過各種傳感器，可穿戴設備和即時間監測設備取得使用者的生活健康數據。以下介紹幾種主要的醫療數據資料庫。

人體基因資料庫

智慧精準醫療可利用基因檢測、蛋白質檢測，加上患者的個人資料，彙整成人體基因資料庫，從中進行比對分析，找到個人化且更精確的治療方式。如果能把人體資料庫回溯到過去，瞭解整段疾病的發展，透過醫療科學研究探討疾病的因果關係，可達到更有效的預防，相較患者於過去看病問診大都依據自身感覺敘述及基本檢查，再由醫生以經驗診斷來加以治療，智慧醫療更具效率。近期好萊塢女星安潔莉娜裘莉即在驗出乳癌基因變異後毅然切除乳房，也計劃未來再切除卵巢。在這基因革命時代裡，我們不需被動等待病症找上門，即可主動在發病前採取預防手段。人類基因圖譜在 2000 年解密，生命形式被拆解成 DNA 密碼，其結果發現全人類有 99.9%的基因序列類似，僅 0.1%的不同造就了人與人之間的差異，科學家就是從這些基因序列裡研究基因與疾病的關連。

許多疾病在解碼的過程中都被證實與基因有關，如：高血壓、糖尿病、肥胖、痛風、骨關節炎等，近年許多遺傳性癌症的突變基因也陸續被發現。前臺大醫學院臨床基因醫學研究所副教授蘇怡寧指出，乳癌、大腸癌、視網膜母細胞瘤與多發性內分泌腫瘤都已找到相關遺傳基因。以前傳統醫療體系的治療思維主要建立在患者已經生病，然後才進行治療，即使是檢測工具像電腦斷層、超音波或磁振造影，也是用來發現病灶，但自從加入基因的因素後，治療的順序被改變了，

人們可以先預測個人未來得病的可能性，但也因此引發後續許多新的道德倫理議題，如：病患個人資料與隱私權問題，遺傳基因檢測揭露整個家族祕密，如果查出致病基因遺傳來源，可能導致家族被污名化，也可能影響家族成員的婚姻、就業等，甚至是社會對某個家屬或個人的歧視。

醫療影像資料庫

醫療影像 AI 是運用大量標註的醫療影像來訓練深度學習模型，使其能夠偵測辨識影像中的病徵、判斷疾病嚴重程度，最常見的就是卷積神經網路 CNN 在醫療影像的 AI 應用。臺北醫學大學副校長暨北醫附醫影像部主任陳震宇描述深度學習自動擷取影像特徵的能力，「看得比人眼還仔細。」他解釋，影像由一點一點的像素組成，藏有許多肉眼看不見的特徵，如像素間的立體形狀、體積架構，可能隱藏著千上百個特徵，深度學習能精準地捕捉這些細節。

臺灣大學生醫電資所的所長，臺灣醫療影像領域研究的先驅張瑞峰指出，要以傳統電腦輔助診斷系統 (CAD) 透過人工找出數百個關鍵特徵，需要花費好幾年的時間，揭示傳統方法與深度學習的差異，由於深度學習具備自動提取特徵的能力，可節省許多專家尋找特徵所花費的時間。與傳統電腦輔助診斷系統相較之下，用深度學習自動訓練出一套模型的時間，最快數個月就能完成，不但解決傳統 CAD 需耗費時間長的問題，還提升了準確率。張瑞峰指出對某些特定疾病來說，「準確率可比傳統高上 10%」。近來，醫療影像 AI 浪潮席捲世界各國，紛紛推動國家醫療影像 AI 方針，建置 AI 醫療影像資料庫，想要藉 AI 來輔助醫生診斷。臺灣也積極投入建置醫療影像資料庫，科技部自 106 推動「醫療影像計畫」，聯合數間醫學中心和數間大學，成立第一個本土化的 AI 醫療影像資料庫。

臺灣醫療資料庫

臺灣除了本土化的 AI 醫療影像資料庫外，中研院還針對精準醫療的需求，建置臺灣人體生物資料庫，蒐集本國人生物基因數據，提供學者研究使用，希望能持續改善國人健康，有效預防疾病，其資料庫所需的資料蒐集還需花好幾十年的持續追蹤收集才能廣泛運用。此外，臺灣從實行全民健保至今，已收集數千萬筆看診資訊，成為一個巨量的資料庫。期望能妥善結合健保資料和 AI 技術，把資料變成數據平臺提供 AI 創新應用，讓醫療達到最好的效果。但除了做到本國人數據資料的分類識別與妥善管理運用之外，對於病患的個人隱私、公眾利益等問題，也需要依法審慎處理。病患的個人醫療數據資料庫應用，AI 可依據病患各式數據自動產生病患診療優先順位建議，協助醫師快速決定工作順位，即時關懷病患，並與病患進行有效溝通，建立良好醫病關係。透過 AI 分析醫療影像資料庫數據後自動產出影像報告內容，可自動警示提醒醫師追蹤各項檢查工作，讓醫師能更加快速即時掌握患者的各項檢查數據。從以上的應用情境來看，醫師最需要的並非最尖端且超越醫師的 AI 治療診斷技術，而是可以整合既有各大數據資料庫的輔助介面。將 AI 工具導入醫療場域，可紓解醫療現場人力短缺的困境。

7-3 智慧醫療應用

人工智慧應用範圍從醫療機器人擴展到影像輔助診斷、個人健康助理與用藥管理，其在醫療健康領域具有舉足輕重的地位。AI 運用於醫療領域的範圍越來越廣泛，未來發展也將日益成熟，許多醫療機構

開始積極部署 AI 解決方案，大數據和雲端技術亦將帶領健康產業進一步達到智慧精準數位化。

智慧醫療影像應用

　　影像醫學是大數據與人工智慧在醫療照護應用上的重要領域，影像醫學於 AI 大數據的應用已成為北美放射學會年會 (RSNA) 最重要的熱門討論議題。在 2018 年的年會中勾勒未來影像醫學的發展願景與應用情境：全面影像醫療照護，如圖 7-2，透過整合早期影像、目前影像、實驗室檢驗報告、手術或檢體結果、理學檢查、病患基本資料、病患基因及風險因子等診斷數據的先端個人化醫療資料數據中心，醫師可收集與瀏覽以病患為中心的詳細數據，並在 AI 影像處理與整合辨識結果、待辦工作優先順位排程、自動化警示、自動產出影像檢查報告等各式人工智慧工具協助下，進行病患照顧智慧精準醫療決策。

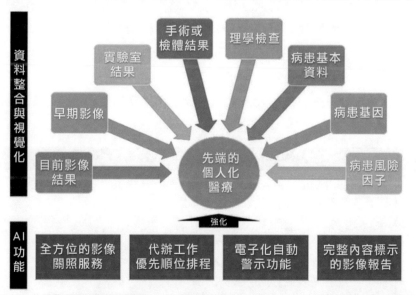

（圖 7-2 全面影像照護之示意圖　　資料來源：Vijay M. Rao 於 RSNA2018 開幕演說）

智慧醫療影像的應用不剩枚舉，例如：美國食品藥物管理局於 2018 年批准 AI 眼部診斷軟體 IDx-DR 上市，此由 Google 旗下的 DeepMind 公司所開發，建立針對視網膜病變的影像資料庫，用大量視網膜圖像來訓練 AI 演算法模型以檢查眼疾，其診斷結果能達到與醫生相似的水準，這是第一款獲准上市的 AI 醫療診斷軟體，協助醫師即早發現糖尿病患者的視網膜病變。除了眼部疾病掃瞄的產品設備，DeepMind 也在頭頸癌治療方案、AI 診斷乳腺癌、預測腎臟損傷等方面也做出突出貢獻。

　　此外，臺大醫院醫神計畫團隊與威強電集團威聯通共同開發人工智慧皮膚疾病分類系統 (AI Classification of dermatological diseases, AI-CDSS)，建立 AI 平臺與手機 App 以輔助門診醫師能快速判斷皮膚疾病狀況，即時提供後續醫療診斷與建議，此系統已於臺大醫院皮膚科門診驗證試用。AI-CDSS 系統利用 AI 演算法，以國人皮膚狀況與變化為基準，並依據實際病理切片報告訓練 AI 深度學習，在第一階段測試資料驗證準確度已高達九成。智慧醫療影像已有多方面的應用，其發展歷程如表 7-1。醫師臨床診斷之外加有了智慧醫療影像 AI 判讀輔助，將可減少不適當的檢驗及誤診，帶來醫病雙贏。

年份	事紀
1990	醫療影像電腦化，醫療院所建置醫療影像儲傳系統 PACS，奠下電腦視覺於醫療影像應用的基礎
1998	美國食品藥物管理局 FDA 核准首例乳房攝影電腦輔助診斷 CAD 系統
2009	深度學習首度應用於 ImageNet 影像辨識大賽，以準確率 85% 拿下冠軍，證實深度學習於影像辨識的可行性

2016	臺大醫院、臺北榮總和中國附醫等醫院開始投入醫療影像 AI 研究
	Google 首次發表糖尿病視網膜病變 AI 診斷系統論文，日後更將該系統部署於印度、泰國等缺乏眼科醫生的國家
2017	美國國衛院首度釋出含 10 萬多張胸腔 X 光片資料集促進醫療影像 AI 研究
	醫療影像 AI 服務首次低價推出：以色列醫療影像新創 Zebra Medical Vision 發表 AI 服務，可判讀多種醫療影像，檢測心、肝、肺等器官中的病徵
	臺灣科技部發起醫療影像計畫，以國人醫療影像建置 AI 醫療影像資料庫
2018	臺灣科技部成立 AI 研究中心，包括科技部人工智慧生技醫療創新中心
	臺灣新創開始切入數位病理 AI，雲象科技推出醫療影像 AI 開發平臺，與長庚醫院共同開發出鼻咽癌 AI 模組
	美國 FDA 批准 12 項醫療影像 AI 相關產品，其中包括第一款獲准上市的 AI 醫療診斷軟體 IDx-DR
	臺北榮總發表腦部腫瘤影像 AI 輔助診斷系統
	NVIDIA 推出醫學影像運算平臺 Clara SDK、遷移學習工具包，降低醫療影像 AI 技術門檻
	DeepMind 開發之 IDx-DR，單一 AI 工具可以輔助判斷 50 多種眼疾
	中國附醫發表多項 AI 醫療影像判讀工具，包括骨齡、乳癌和肝癌
2019	臺北榮總和中國附醫正式推出 AI 門診，將醫療影像 AI 應用於臨床
	中正大學聯手嘉義基督教醫院打造 AI 大腸鏡息肉辨識系統
	醫療影像 AI 應用普及至一般民眾：臺大醫院推出 AI-SWAS 傷口判讀 App；北醫推出 AI 皮膚檢測 App：痣能達人 Molemo

（表 7-1　醫療影像 AI 發展歷程　　　　　　　　　　　參考資料：iThome 整理）

智慧藥物識別

　　臺灣進入高齡社會，高齡長者每天平均大概要吃 7.3 顆藥，但每顆藥丸都長得差不多，吃錯藥情況屢見不顯，輕則影響療效，重則危害生命。根據調查，臺灣六十五歲以上失能、需要長期照護的高齡長者約有五十萬人。這些長者大多患有多重慢性疾病，常常把多種藥物拆開放入藥盒方便服用；但藥丸尺寸既小、顏色又都類似，且藥名容易混淆，高達一半以上長者有用藥錯誤問題而不自知。醫學系副教授，同時也是臺北榮總家醫科醫師陳育群，為此發明手機藥物影像辨識系統 :AIGIA 愛家小藥師，居家醫師只要透過手機照相，就能辨識藥丸到底是什麼藥。

　　陳育群醫師表示，臺灣健保給付藥物將近一萬八千多種，藥丸不僅尺寸、顏色類似、學名藥相似而容易混淆，有時候就連醫師及藥師也無法從外觀分辨藥物種類。加上病患家屬多處就醫，有醫院開的、有診所開的，可能還有自己存放的，都造成嚴重用藥問題，讓治療療效大打折扣。為了解決臺灣民眾用藥問題，團隊花了三年時間研發手機藥物影像辨識系統，自行開發手機「AIGIA 愛家小藥師」App，配合藥物拍攝裝置 MedBox，只要用手機照相鏡頭拍照，手機就可以透過雲端運算，針對藥物外觀進行智慧比對，迅速判斷到底是哪一種藥，並顯示藥物成分、適應症、用法、特徵及特殊警語等訊息。為了方便臺灣越來越多的外籍居家照護者，系統也內建多語環境，能顯示英語、印尼語、越南語及馬來語的翻譯。

　　陳育群醫師表示，開發時就堅持系統一定要具備簡單、易用、可近三個特點，所以市面上普及的智慧手機來作為辨識平臺，同時研發

設計 MedBox 克服不同環境造成的閃光、色偏等問題，讓一般手機得以準確拍攝藥丸。目前雲端資料庫已經收錄四百種藥物、八千多張影像，辨識率超過 95%，也獲得臺灣專利。目前在臺北榮民總醫院測試結果，「AIGIA 愛家小藥師」協助居家醫師與護理師們準確辨認90% 居家用藥，正確用藥率高達 95%。

智慧醫療機器人

　　各國已有醫院開始運用各種智慧醫療機器人，例如：英國的AGV 醫療機器人能送餐、消毒及攙扶病人。至於高階的 AI 醫療機器人，則以醫療手術為發展重點。臺灣許多醫院也購入機器人手臂「達文西」或其他機器人，把影像導引手術實際運用在手術房內。手術型機器人達文西微創手術系統，為目前全球最先進的機械微創手術系統。達文西手臂免除醫師在動手術時不必要的手部顫抖，可以進行更精細的動作，包含切除、修補、縫合等等，因為動作精細，所以手術的切口可以縮小，減少感染的風險，也加快傷口癒合的速度，實現精準醫療。

　　達文西系統由三個部分組成：控制臺、3D 內視鏡和手術機械手臂。控制臺是醫師操作 3D 內視鏡和機械手臂的平臺，讓醫師可以依照傳統的手術方式操作，加快醫師培訓與適應的時間。3D 內視鏡具有超高解析度的 3D 視野，相較於傳統的內視鏡的平面視野，3D 內視鏡給醫師更立體的視野，可以幫助判斷距離位置，進行準確的器械操作。達文西系統最關鍵的是手術機械手臂，它模仿人類手臂旋轉、夾取、捏的動作，但可以在人手和傳統手術器械無法觸及的狹小空間進行手術。全球醫院已引入了大約三千套達文西手術系統，每年執行

超過四十五萬例手術，手術量年成長約 25%，達文西手術系統已成為外科手術趨勢，開啓外科手術的 AI 革命。

　　在智慧照護機器人的應用方面，如何利用 AI 提升老人照護的效率與品質值得重視。由於臺灣人口結構已正式進入高齡社會，人口老化的速度快到難以想像，老人健康照護的需求與照護人力快速失衡。因應照護人力的短缺，近年來，國內外積極推出智慧健康照護機器人，例如：銀髮族可藉由聲控方式與機器人對話，從對話與數據傳輸進行遠端諮詢與簡單健康檢測。機器人還有陪伴的功能，能與老人聊天，緩解陪伴照護人力的不足。對於銀髮長者而言，新的 AI 照護機器人將可提供日常運動教練、營養諮詢與輔助醫療照護，在有醫療需求時，更可即時協助關注長者健康狀況，提供醫療資訊與基本照護，是子女照護年長父母的好幫手。

　　此外還有許多在醫院協助服務的智慧醫療機器人，如：臺北榮總乳癌衛教機器人 Pepper、機器人步態訓練系統、自動駕駛運送手術器材機器人及長庚醫院皮膚科問診機器人等，顯見智慧醫療機器人的應用已愈來愈廣泛。

智慧醫院病房

　　在智慧醫院的應用方面，為了能改善醫療品質，減輕醫護人員的負擔，縮短看病的繁瑣流程，從所有醫療軟硬體設備的安裝設置，到醫院管理中心的建立，都是為了讓醫院能整體有效地串接運作。因此，如何運用 AI 工具使醫院病房設備管理數位轉型、保護病人的個資安全，醫院都應有詳細的規劃。系統的智慧化與人員的教育訓練也

須受到重視，同時提供專業諮詢，避免因醫護人員的錯誤造成醫療糾紛。智慧醫院服務也可多元化的推廣延伸，譬如：社區或居家醫療可提供網路諮詢，增加醫療照護的深度與廣度。

藉由資訊科技與人工智慧的輔助，將醫療安全照護防護網全面升級，推動快速、即時、明確的「手術室生物特徵安全辨識管理」和「臨床危機警示系統」，從身份確認、部位確認、手術執行確認、手術團隊管理及手術室環境安全管理，落實最高醫療手術安全等級，有效減少醫療失誤。

導入智慧病房數位房門卡設備及病人床邊照護系統，醫師可利用病人床邊照護系統來直接調閱檢驗報告、檢查報告及醫療影像等，獲得即時病歷資料，護理人員與病患亦可使用病人床邊照護系統，操作已開發建置的各項智慧護理功能，再造優質之護理品質，提升病患與醫護滿意度。病患還可使用 App 進行掛號、自助繳費、預約健檢、掌握看診進度，或在病房完成大部份結帳程序、快速縮短等候領藥時間等，這些都是智慧醫療的創新局勢。醫院服務虛擬化後更能以系統取代人力不足和高成本問題，亦能讓電腦整合海量數據庫資料，傳承醫療照護寶貴的知識經驗。

遠距智慧醫療

善用人工智慧 (AI) 與遠距醫療 (Telehealth) 等技術，可緩解醫療系統目前面臨許多的關鍵醫療專業人力短缺、過勞、醫療場所暴力、醫療人力轉變及財務壓力等問題，如：全球新冠肺炎疫情爆發後，導致各種醫療人力資源不足與暴力糾紛等問題，都亟需解決。越來越

多健康醫療照護的服務是在傳統醫療環境之外提供遠端服務，避免直接近距離靠近病人，降低被致命病毒傳染的機會與風險。根據美國醫療協會發表關於運用遠距醫療實現整合照護的報告顯示，97% 的病患對第一次遠距醫療的體驗感到滿意，80% 的虛擬看診能解決病患的問題，無需掛急診或是前往其他醫療照護機構。因此 AI 遠距醫療新興技術的發展，結合醫療護理團隊照護模式，提供健康醫療照護的服務，日益重要與迫切。搭配遠程醫療的利器：手持式數位醫療五官鏡，還可透過遠端的電腦主機與螢幕，依醫療診斷需求選用各種不同的鏡頭，讓不在病人身旁的醫生也能清楚看到其鼻孔、口腔、耳朵、眼球、皮膚、牙齒等身體部位健康狀況。醫院善用新興的遠距醫療技術，可加強服務偏遠社區與疑似有傳染病需隔離的民眾，亦可遠端支援醫療資源不足的小型地區醫院，紓解突發事故之醫療需求與專業醫療人力短缺壓力。

7-4 智慧醫療未來

　　全球新冠肺炎疫情爆發後，導致各種醫療人力資源不足與暴力糾紛等問題，顯示 AI 遠端智慧醫療仍然有很大的發展空間。至於未來

智慧醫療機器人的發展，會不會像自動駕駛車執照那樣取得 AI 醫師執照？其實大家不用太擔心，因為人體複雜多了。其實 AI 智慧醫療的主要應用在於協助醫院與醫療人員，幫助醫療之作者提供更好的醫療照護整合服務給患者，而非替代醫師。值得我們省思的是，AI 與人類在醫療領域如何定位與分工，研議 AI 醫療技術的開發策略與目標，事實上，將 AI 定位為診斷輔助或醫療流程效能提升的重要工作夥伴較為適宜。由於人工智慧與機器學習已被醫學領域的專家們認為是影響醫學未來十年重要的科技項目，這些 AI 技術未來如何與醫院既有工作流程整合，將是我們持續關注的重點。在全球雲端資訊技術迅速普及下，引領著 AI 智慧醫療快速發展，透過收集與儲存大量資料的 AI 解決方案，讓管理者操作醫療系統更加便利。數位化、大數據分析、AI 引擎、影像判讀等，是醫療服務智慧化為必經的過程，也是智慧醫療領域的發展重點。對醫院和病患而言，各種健康醫療資料的保護與開放，也將會成為一大課題。加密保障病患隱私、建立個人健康存摺…等，皆為未來策略發展方向，這些都需要資訊科技和醫療服務提供者之間的激盪與優化。

測驗

選擇題

1. ＿＿＿ 根據世界衛生組織 (WHO) 對「智慧醫療」定義為資通訊科領域技在醫療及健康領域的應用，其領域不包括：
A. 醫療照護　　B. 公共衛生監測　　C. 電腦輔助診斷系統
D. 疾病管理　　E. 醫療教育和研究

2. ＿＿＿ 以下何者非目前臺灣能讓 AI 醫療照護技術與產業發展的良好條件？
A. 具備充足的 AI 人才　　　　B. 資通訊技術基礎雄厚
C. 具備優異的醫療水準　　　D. 高齡社會的醫療照護需求日增
E. 臺灣政府大力推動 AI 研究與產業發展的政策

3. ＿＿＿ 關於智慧醫療領域中建置大數據資料庫的敘述何者為非？
A. 精準醫療可利用基因檢測、蛋白質檢測，加上患者的個人資料，彙整成人體基因資料庫。
B. 醫療影像 AI 是運用大量標註的醫療影像來訓練深度學習模型，使其能夠偵測辨識影像中的病徵、判斷疾病嚴重程度。
C. 臺灣積極投入建置醫療影像資料庫，成立第一個本土化的 AI 醫療影像資料庫。
D. 愛家小藥師 APP 利用「藥品外觀圖片資料查詢系統」來訓練 AI 模型。
E. 中研院針對精準醫療的需求，還建置臺灣人體生物資料庫。

4. ＿＿＿
　　影像醫學是大數據與人工智慧在醫療照護應用的重要領域，下列何者非其應用？
A. Google 旗下 DeepMind 公司開發 AI 眼部診斷軟體 IDx-D。
B. 醫師利用病人床邊照護系統調閱檢驗報告等病歷資料。
C. 中正大學聯手嘉義基督教醫院打造 AI 大腸鏡息肉辨識系統。
D. 臺大醫院發表人工智慧皮膚疾病分類系統 AI-CDSS。
E. 北醫推出 AI 皮膚檢測 App：痣能達人 Molemo。

5. ____ 醫院已開始運用各種智慧醫療機器人，下列敘述何者為非？
A. 達文西系統由三部分組成：手術機械手臂、3D 內視鏡和控制臺。
B. 臺北榮總的乳癌衛教機器人 Pepper 會診斷乳癌。
C. 英國的 AGV 醫療機器人能送餐、消毒及攙扶病人。
D. 銀髮族可由聲控方式與智慧健康照護機器人對話。
E. 達文西微創手術系統為目前全球最先進的機械微創手術系統。

測驗答案：1.C 2.A 3.D 4.B 5.B

✿ 延伸思考

國立陽明大學副教授、臺北榮總家醫科醫師陳育群團隊研發的手機藥物影像辨識系統，愛家小藥師應用程式已在 App Store、GooglePlay 上架，同學可至 AIGIA 愛家小藥師 https://www.aigia.ai/ 網站下載安裝，並以掃條碼方式辨識幾種藥品。(若直接用手機照相鏡頭拍照須加購藥物拍攝 MedBox 裝置)

參考答案範例

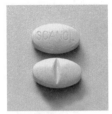

斯肯諾錠
SCANOL TABLETS
500MG 退燒

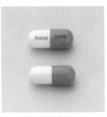

艾斯美特膠囊
ACEMET
CAPSULES
60MG 關節炎

胃吉錠
WEICHI
TABLETS
500MG 胃炎

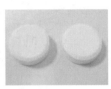

普樂心寧錠
PROPHYLLINE
TABLETS
100MG 支氣管炎

參考資料

孫永年
（民 108 年 3 月 22 日）
人工智慧的醫療照護
應用。科學發展，555
期。

大數據文摘
（民 108 年 4 月 3 日）
DeepMind 推出首款
商業化 AI 產品：眼科
AI 準度 94% 超越人類
醫師。科技報橘。

陳伯彥
（民 108 年 6 月 17 日）
人工智慧 (AI) 在醫學影
像的應用契機—AI 為提
升醫師工作效能的重要
夥伴。科技大觀園。

楊月霞
（民 108 年 8 月 7 日）
【智慧醫療 4.0 未來
趨勢】活用創新翻轉
策略 掌握數據領先群
雄。天下雜誌。

王若樸
（民 108 年 4 月 15 日）
【AI 浪潮席捲醫療業】
剖析醫療影像 AI 爆紅
主因。iThome 新聞。

陳育群
（民 108 年 5 月 7 日）
陳育群老師研發「手機
藥物影像辨識系統」，
解決吃錯藥問題。國立
陽明大學新聞。

魏于翔
（民 107 年）
全球智慧醫療發展趨
勢。醫療健康科技
2018 NO.56。

郭家宏
（民 107 年 12 月 3 日）
全球最先進微創手術
系統！達文西手臂精
準到能幫葡萄動「剝
皮手術」還縫回去。
科技報橘。

曾沛瑜
（民 104 年 7 月 1 日）
安潔莉娜裘莉切除卵
巢 基因檢測防癌的時
代來了。康健雜誌 第
176 期。

蘇松濤
（民 108 年 12 月 6 日）
中山醫學大學附設醫
院結合智慧 AI 成為智
慧醫院 E-Hospital。
大華網路報。

洪煥周
（民 108 年 11 月 12 日）
AI 智慧醫療應用前景無
限 2024 年醫療 AI 市場
規模將達 170 億美元。
DIGITIMES 智能醫療。

陳明陽
（民 109 年 1 月 31 日）
美國醫療面臨轉型，人
工智慧與遠距醫療可
為 解 方。DIGITIMES
智能醫療。

吳培安
（民 108 年 6 月 26 日）
臺大醫院發表 AI 皮膚
病變辨識系統 快速診
斷是痣還是癌。環球
生技雜誌。

朱月英、萬俊樑
（民 107 年 8 月 2 日）
健康醫療產業掀變革
AI 智能遠程診察。非
凡新聞。

單元八

人工智慧的應用：
語音助理

臺灣師大附中　李巧柔老師

▶ 前言

　　從美國蘋果的 Siri、IBM 的 Watson 到 Google 的無人車，科幻故事裡的 AI 不再是電影情節，而是翻轉世界和產業鏈的關鍵。未來智慧物聯網 AIot 將連接到各個類別的智慧家庭、智慧城市，高中生不懂 AI 恐怕將無法加入就業市場個人理想職業。還在等什麼？來體驗「Hey~Siri」就能開電燈，讓你開口就能控制電器的 AI 時代吧！

8-1 一顆蘋果的崛起！ Siri 的誕生

iPone 系列產品最知名的功能之一，在於擁有「語音助理—Siri 結合語音識別系統」，它是一個可以透過使用者聲音傳達指令，得知天氣概況、地圖、提醒、股票、網路搜尋等多種資訊的發明。

成功的關鍵—語音辨識

由於語音互動的便利性，使用語音助理在歐美和亞洲等地越來越普及，目前比較主流的語音辨識軟體有:Apple 的 Siri、Nuance、Google 的 Google Assistant 和 Microsoft 的 Cortana，以及 Amazon 的 Alexa。因人們逐漸習慣透過不同的裝置與語音助理互動，以較為常見的手機為例，Android 系統多使用 Google Voice Assistant 為主，ios 系統則以 Siri 為主軸。

以 Siri 來說，它是智慧型語音助理，為人工智慧、自動學習加上情境感知系統 (contextual awareness system) 的綜合體，是結合多種既有科技的「綜效」產品。傳統的輸入系統，可能要花很多時間及步驟，或完成系統設定所有流程，才會達到使用者要的找到結果，而語音辨識助理能理解你所說的話，瞭解並學習個人化的資訊，進而省略許多步驟完成使用者要求的事情 (王欣瑜、許芷菱，2018)。

語音辨識最主要的目的是希望電腦聽懂人類說話的聲音，進而命令電腦執行相對應的工作。在傳統語音辨識中，語音和文本都需進行對應，才能開始進行語音辨識，但這很花費時間與人力，所以之後出

現了 Connectionist Temporal Classification(CTC)，可以讓網路自動去學習如何對應，最常用的方法是對每一句或每一詞標上語言識別 (language identification) 標籤，再分別用各自的單語言自動語音辨識系統 (monolingual ASR system) 進行語音辨識（林韋廷、陳柏琳，2019)。例如當聲音藉由類比到數位的轉換裝置輸入電腦內部，並以數值方式儲存後，語音辨識程式便開始以事先儲存好的聲音樣本與輸入的測試聲音樣本進行比對工作。比對完成後電腦即輸入一個它認為最 "像" 的聲音樣本序號，就可以知道使用者剛剛唸進去的聲音代表何意，進而命令電腦做事。

Siri 屬於 Apple 獨有的語音辨識技術

那語音辨識跟深度學習有何關係？我們已從前面的章節學到，深度學習屬於機器學習的一種，是讓機器可以模擬人腦自我學習的技術。具體方法是透過一些資料讓機器開始訓練，自動找出有用的函數。透過機器學習技術訓練語音辨識系統，讓機器根據大量聲音訊號和其對應的文字，找出「語音辨識函數」，假設我們將函數輸入大量資料給 SIRI 等語音智能，就會產生我們對 Siri 說一句話，Siri 可以將聲音訊號辨識成文字的效果，這就是深度學習跟語音辨識的應用（李宏毅，2016）。

不僅如此，語音助理 Siri 正研發新功能，能辨識使用者語氣，偵

測使用者何時處於輕聲細語的狀態（例如圖書館、工作場合等），並依照與用戶相同的語氣進行回應，使語音助理更加人性化。

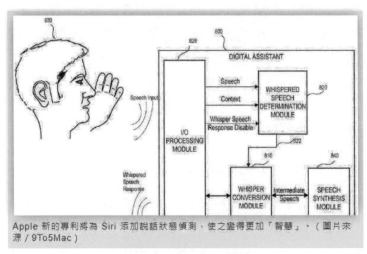

Apple 新的專利將為 Siri 添加說話狀態偵測，使之變得更加「智慧」。（圖片來源 / 9To5Mac）

（圖 8-1 語音辨識技術）

8-2 語音辨識與相關應用

目前語音智能最常見的產品，仍以智慧型手機上的語音助理為主軸，大多以成為使用者的私人秘書為目的，協助使用者處理日常或公務上的瑣事，在人手一機的時代，相當方便。

另外還有結合 IoT 物聯網及語音智能，能夠控制居家各式電器功能的語音智能音箱，像是小米音箱或是 Google 智慧音箱，可用於能

夠控制家中門窗開關、光線及濕溫度等等。除智慧居家應用，語音智能在企業應用、教育、醫療或公部門的應用都是可見的，例如五股郵局應用的郵局虛擬語音助理，或是在醫院，也能設置語音助理執行基本的病人照護任務，提醒病人及家屬吃藥、注意血壓等等。

其他語音辨識應用之產品可分為四大類：

(1) 電腦產品：麥克風直接連接電腦，以電腦螢幕顯示回饋辨識結果，由於電腦為使用者個人化長期使用物品，故採用特定語者或語者調適技術；應用舉例如語音聽寫、PC 語音控制、語音資料存取、遊戲軟體及語言訓練等。

(2) 電話產品：語音透過有線或無線傳輸給辨識器，以聲音回饋給使用者，未設置特定麥克風，讓使用者與語音智能的短暫交談互動，採用非特定語者技術；應用舉例如電話網路之語音撥號或其他辨識／驗證服務、以語音而非按鍵控制之互動語音回應系統及個人電腦上電話語音辨識。

(3) 消費性電子產品：多為小型且無螢幕顯示的電器，麥克風為產品一部分，應用舉例如電話機內建的語音撥號、可攜式電子記事簿、電視遙控、語音撥號行動電話、聲控玩具及語言學習。

(4) 汽車及工業應用產品：專為高噪聲環境、使用者眼睛及雙手同時忙碌而開發的特殊裝備，應用舉例如汽車導覽系統、收音機控制工業品管、包裝處理及車用行動電話等。

　　其實語音識別是深度學習領域中發展很久且主流的技術，Facebook、Google、IBM、微軟以及百度等企業針對語音識別技術的應用與發展投入了不少心力，深度學習也成為工業領域語音辨識的主流技術。以微軟為例，他們在深度學習研究方面的工作，主要為三個方向：開發更有效的深層架構和學習算法、使用越來越大的數據集對深度學習模型進行訓練，以及將深度學習模型的應用擴展到更多語言處理領域及其他領域，例如個人日常生活語音助理在一般日常對話或熱門話題都能有良好的辨識正確率，但在特定領域，例如工商業，使用者的指令可能包含特殊詞彙或專業術語，造成語言助理無法辨認的問題，可見未來語音智能還有許多研究跟發展空間。（Deng et al., 2013；Chia-Hua Wu et al., 2017；陳綺萱，2019）。

8-3 看見 Siri，其價值與未來發展

Siri 語音智能價值

　　當然不只手機上的語音助理，還有許多學者提出過語音智能相關研究，如 Chad Edwards,Autumn Edwards,Brett Stoll,Xialing Lin,Noelle Massey（2019）評析人工智能在人機交互中的社會認同理論，發現年

齡較高的學生認為較老的 AI 聲音的可信度較高，並且認為 AI 語音智能可提升學習動機以及社交意願。另根據林彥廷與易昀緻 (2019) 的研究，透過「數位遊戲式語音辨識系統」，為聽覺障礙兒童進行口語訓練，有助於提升聽障生的口語能力及學習動機。

臺灣如何找到 AI 語音發展活路？

臺灣經濟研究院副研究員錢思敏在數位時代雜誌內「臺灣如何找到 AI 語音發展活路？」一文提到，對話式的平臺與機器溝通已經成為主流，被廣泛應用在智慧音箱、語音助理或是智慧型手機等智慧裝置上，使用者最在乎的是機器能清楚辨識講話的人在說些甚麼，但就算是漢語，也有所謂的福建腔、上海腔及臺灣腔等各種腔調和用法。有不少大廠推出的智慧音箱，例如遠傳電信的問問所運用的，就是大陸出門問問的 AI 語音解決方案，而中國大陸尚有科大訊飛、百度、阿里雲、騰訊等企業推出 AI 語音辨識系統，但是臺灣為什麼尚未出現一個以臺灣口音辨識資料庫所做的 AI 系統呢？

因為臺灣沒有自己的入口網站、搜尋引擎，沒有國際大廠的資源，也就沒有了可以用來訓練語音識別的數據，難道這樣就要放棄了可能的 AI 發展機會嗎？其實，相對於語音，網路上的文字內容數據可謂唾手可得，而且幾乎不用計較成本，這使得在地化文字客服 AI 新創公司如雨後春筍般成立，而能夠真正應用語音辨識的 AI，市面上除了 Google 或是 Apple 因為有 OK Google 和 Siri 能夠持續蒐集語音資料進行機器學習之外，目前臺灣智慧終端裝置能夠選擇應用的，仍然只有來自於對岸的語音辨識 AI，例如科大訊飛等 AI Solution，兩岸口音的差異造成的

消費者體驗仍需要持續改善。

　　錢思敏研究員建議，開發者可以運用現有的資源，從公開的公共資源著手，例如公共電視教育影音公播網內的節目，應該是擴展語音訓練規模成本相對較低又能快速進展的作法，又或者蒐集有字幕的 YouTube 等平臺的開源影片，或跟各大電視臺洽談取得其影音節目內容，來進行臺灣人口音的語音辨識的訓練，並與具有 AI 能量的新創或專家產學合作，思考如何創造語音智能更多的價值。

　　Siri 已發展多年，人類未來語音智能的要求只會越來越高，不會僅僅侷限於私人助理或是文書處理等等，讓語音助理擁有感情，或是能夠陪人類聊天，達成陪伴效果，也是未來發展的重點之一。

　　在 2017 年，光在美國智慧音箱就賣了超過二千五百萬臺，全美有將近 15% 的家庭使用相關產品，其中 Amazon 的 Echo 系列占了七成，Google 和蘋果等大廠則位居二三。Amazon 配合多年累積的幾項優勢，像是線上購物、數位服務、雲端平臺服務以及大量用戶等等，喊著新零售的口號，盡全力提供消費者完整且無縫的網路購物及使用體驗，甚或吸引消費者是不自覺地進行更多採買。未來語音智能將結合企業、政府等力量，對社會傳統的運作模式產生衝擊，甚至影響到經濟、文化等人類社會層面環境（孫憶明，2018）。綜上所述，語音智能未來發展的趨勢絕對不容小覷，且會是社會的主要產業之一。

8-4 軟實力的學習未來

對於有意投入語音智能發展，以數理見長，喜愛程式語言的同學，可以向「自然語言處理和語音技術」方面努力，未來投入開發自然語言理解、機器翻譯、專有名詞辨識、問答系統和自動語音辨識等應用。此類研究通常需要相當大量的資料和創新的深度學習法，以因應世界上各種語言使用者的挑戰。這類工作領域包含自然語言工程、語言模型、文字到語音軟體工程、語音架構工程及資料科學等議題。

劉仲矩，郭柏辰 (2019)一在手機 Siri 語音智能價值及性別差異之研究一文提出建議，語音智能產業未來發展方向應著重兩大方向：

1. 加強、延伸目前大眾最著眼的便利價值。

2. 發展能夠連結消費者、給予個人化服務的語音智能產品。

一方面鞏固現有優勢，另一方面拓新領域，針對不同客群，開發著重不同功能的產品。在未來社會，人們不會只滿足於能提升工作效率的語音智能產品，強調心的溫暖與相互連結的產品將會是又一片藍海市場。文法商方面的人才能善用文字能力、口語表達、故事講述分析及邏輯思考判斷力等「軟實力」，開發出更能貼近人心的產品。畢竟，科技始終來自於人性，善於體察人文精神的文科腦，亦能找到屬於自己的一片天。

選擇題

1. ____ 近年風起雲湧的個人語音助理如蘋果 Siri、亞馬遜 Alexa、微軟 Cortana，以及擊敗人類西洋棋與圍棋高手的 Google DeepMind AlphaGo，其中 Siri 是一項知名的語音助理，請問蘋果公司最可能是利用下列哪一項技術，讓「Siri」具有分析與處理人類語言的功能？
   A. 雲端硬碟　　B. 人工智慧　　C. 大數據　　D. 物聯網

2. ____ Apple 公司智慧型手機 iphone 特有 Siri 功能，能聽得懂人話並模擬人的聲音回答使用者的問題，請問是應用下列何項軟體技術？
   A. 影像辨識與語音辨識　　B. 手勢辨識與語音合成
   C. 虹膜辨識與語音合成　　D. 語音辨識與語音合成

3. ____ 語音辨識（speech recognition）測試的敘述，下列何者錯誤？
   A. 不同音強下的表現有助於耳蝸後病變診斷
   B. 與聽力損失程度和聽力的圖形有相關性
   C. 感音神經性病患的測試再試（test-retest）可信度表現最佳
   D. 感音神經性聽力損失者通常低於 100%

4. ____ 人類 90% 的訊息輸出依靠什麼？AI 智能語音的使用者的年齡層，以下何種年齡層為多數？
   A. 語音、不限年齡　　B. 視覺、18~24 歲
   C. 聽覺、25~49 歲　　D. 觸覺、50 歲以上

5. ____ 語音辨識在客服中心的運用場景為何？
   A. 發展對話語音機器人　　B. 可以全文轉譯 (STT)
   C. 以上皆對　　D. 以上皆非

🖐 參考資料

陳綺萱 (2019)。深度學習之專利分析研究。國立臺灣師範大學圖書資訊學研究所碩士學位論文，臺北市。

李宏毅 .(2016). 專題 - 人工智慧與 AlphaGo 什麼是深度學習 . 數理人文 ,(10).

劉仲矩， 郭柏辰 (2019)。手機 Siri 語音智能價值及性別差異之研究 . 商學學報，2019, 27 期 , 107-129.

李宏毅 .(2016). 專題 - 人工智慧與 AlphaGo 什麼是深度學習 . 數理人文 ,(10).

林韋廷 , & 陳柏琳 .(2019, November). 端到端語音辨識於中英文混合會議語料 . In NCS 2019 全國計算機會議 (pp. 507-511). 國立金門大學 .

王欣瑜、許芷菱，2018，〈虛擬語音助理市場研究 - 以 Siri 與 Google Assistant 為例〉，《第 20 屆科際整合管理研討會》，東吳大學企業管理學系，頁 370-383。

Deng, L., Li, J., Huang, J. T., Yao, K., Yu, D., Seide, F., ... & Gong, Y.(2013). Recent advances in deep learning for speech research at Microsoft. In Acoustics, Speech and Signal Processing(ICASSP), 2013 IEEE International Conference on(pp. 8604-8608). IEEE.

Wu, C. H., Tsai, C. I., Hung, H. T., Kao, Y. C., & Chen, B.(2017, November). 序列標記與配對方法用於語音辨識錯誤偵測及修正 (On the Use of Sequence Labeling and Matching Methods for ASR Error Detection and Correction)[In Chinese]. In Proceedings of the 29th Conference on Computational Linguistics and Speech Processing(ROCLING 2017)(pp. 354-369).

聯慷電子報，2011，犀利 Siri 一語音辨識的前世今生 (取用日期： 2020 年 01 月 21 日)。

ezone，2017，Apple 新專利 Siri 語音辨識大進化？(取用日期： 2020 年 01 月 21 日)。

數位時代，2018，臺灣如何找到 AI 語音發展活路？(取用日期： 2020 年 01 月 21 日)。

單元九

人工智慧的應用：
IoT 智慧家電

臺灣師大附中 李巧柔老師

2015年行政院推動「生產力4.0」計畫，促進大數據、雲端儲存、物聯網應用、3D列印等關鍵新興科技應用，其中「物聯網應用」人才需求近年成長幅度相當大，這兩年來業界職缺需求已爆增三倍。

更如蘋果、Google、Amazon、阿里巴巴及騰訊等大型知名企業，無不磨拳擦掌，積極搶進市場，渴望在物聯網產業中搶得頭籌物聯網之所以被視為科技發展的重大目標，除了有愈來愈多的設備都開始具有聯網的功能外，還有許多傳統電器產品設計都已趨近完備，很難再有新突破的原因，但若能利用網際網路及智慧型行動裝置，使傳統家電產品可以透過網路達到自動化、感測及遙控等功能，這背後意味著的龐大商機與技術發展空間，讓物聯網人才成為近年最熱門，含金量最高的「科技新貴」名詞。

9-1 貴在即時—物聯網 IoT

物聯網 IoT 的基本簡介

知名網際網路企業 Salesforce(Salesforce.com, Inc.) 曾說，在全球各個角落，無論是要存取資訊、與人聯絡溝通或做生意，人們都會連線使用網際網路。但現在，不只人類，物品也須使用網際網路。製造業和能源產業廣泛運用了機器對機器通訊技術，以便追蹤機械作業、回報錯誤，及發出服務警示。近年來，越來越多日常物品透過網際網路連線到雲端，形成所謂的「物聯網」。

據估計，已有十九億個裝置與物聯網連線，顧名思義物聯網可以讓萬物與萬物之間，利用網路全部結合在一起，在物聯網下，我們的電腦、冰箱、咖啡機和灑水器彷彿都變得有生命，冰箱壞了會傳簡訊通知你，天氣特別乾燥不用你叮嚀，灑水器會多噴幾次水，要出門前智能管家提醒你瓦斯要關……，物聯網帶給人類更方便，也更安全的生活。

最早，物聯網一詞，源自國際電信聯盟 (International Telecommunication Union, ITU) 於 2005 年所發布的報告「The Internet of Things」，是指在網路化的時代中，除了人跟人之間可以透過網路相互聯繫，我們可以透過網路取得資訊外，物件與物件之間也可以透過網路互相聯結。物聯網整合了資訊傳感實體設備，如無線辨識系統、紅外線感應器、全球定位系統、雷射掃瞄器及電子標籤技術等種種科技裝置與網際網路結合，使各種物品在生產、流通及消費的所有過程中，實現物品自動識別和資訊互聯與共享。

IoT 架構與使用的科技

學者王文娟 (2016) 在「物聯網概念及應用」一文提到，物聯網強調讓所有物品聯網，而且這些物品／設備需具備感測、邏輯與運算能力，以便透過資通訊技術蒐集數據、監控及分析，再回饋給機器或物品，促成設備／物品的深度學習。簡言之，物聯網係強調設備與設施整合的系統化觀念，因此其發展架構必須具備三大要素，即感知層、模組層與應用層（圖 9-1）。

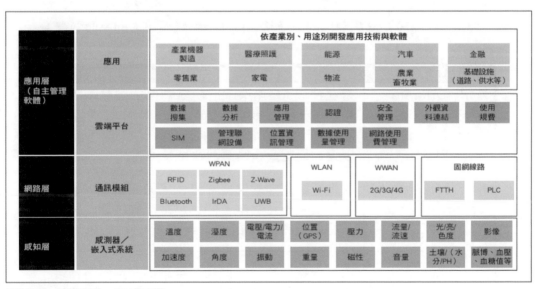

資料來源：《科學月刊》，2014年6月號。

（圖 9-1 物聯網架構）

感知層係指聯網的設備，可運用無線射頻識別、感測器、二維條碼等感測元件，將感知元件裝置在設備上，利用其感知特性，取得設備運作狀況有關資訊，例如設備運作的強度、壓力、流速、振動等，

並予以數位化，以利收集或遠端監控，而半導體產業是感知裝置向輕薄短小化研發的根基。其次，為充分發揮所收集資料的效用，透過無所不在的 U 化社會（ubiquitous network society 無間諜優質網路社會）網路技術，利用無線及固網設施將蒐集到的數據，透過網路通訊上傳至雲端，是謂網路層。最上層則是應用層，將上傳的資料進行大數據分析，以分析並掌握設備等運作狀況，並根據分析結果，進行設備的最適化（optimization）及自動化（automation）應用與調整等，以提高設備使用效率。在整合硬體設備與網路通訊模組基礎上，依據市場需求，開發物聯網應用的系統整合商，是物聯網發展的重要關鍵。

科技名稱	技術說明
RFID(Radio Frequency Identification, RFID)	是一種以 RF 無線電波辨識物件的自動辨識技術，主要利用接收器 (Reader) 發射 RF 能量來讀取植入或貼附在物件上的電子標籤 (Tag)，以進行無線資料辨識及存取工作。
NFC（Near-field communication, NFC)	又稱近距離無線通訊，是一套通訊協定，讓兩個電子裝置（其中一個通常是行動裝置，例如智慧型手機）在相距幾公分之內進行通訊。
Bluetooth	這是一種無線技術標準，用來讓固定與行動裝置，在短距離間交換資料，以形成個人區域網路（Personal Area Network, PAN）
Z-Wave	Z-wave 是基於 RF 的雙向溝通協定，專門設計來控制、監督及讀取裝置狀態，常見於智慧家庭及建築自動化應用。

WiFi	是一種建立於無線區域網路技術，也是最普遍被使用於物聯網的科技，用來幫助我們傳送檔案、資料和訊息。

（表 9-1 物聯網相關技術介紹）

物聯網的潛在用途可以說是妙用無窮。舉個例子來說，如果搭載物聯網的功能，產品便可內建維護報告及診斷功能；從電腦硬碟到汽車和飛機，當配備物聯網功能的裝置偵測到元件出現故障，或是即將達到預期的使用壽命，就能將這些資訊直接回報至廠商的使用者客戶關係管理系統，讓業者完整檢視所有客戶資訊，輕鬆管理每一次的銷售、行銷或服務互動。

智慧型產品可偵測故障情形，並向技術支援部門回報，以立即採取行動解決問題（包括訂購替換零件或要求更換為全新裝置），讓使用者不必再被動地等到裝置停止運作才能求助，在使用者察覺到任何不對勁之前，上述所有動作已經妥善解決客戶的潛在使用問題。

9-2 物聯網 IoT 的價值定位

物聯網 IoT 崛起的原因

商務技術領域最大的一項變革，就是智慧型手機的崛起，使得網路存取不再是桌上型電腦的專利。根據美國資訊科技研究和顧問公司 Gartner 所提供的資訊，光是在 2013 年，世界各地便售出接近 十億

支智慧型手機。這使得人們開始大量使用雲端、客戶關係管理系統與電子郵件等雲端應用程式，並透過具備網際網路功能的行動裝置隨時存取使用者所需資訊。現在，商務使用者可隨時存取所需的商務應用程式，不必受限於企業網路與特定地理位置。

物聯網的最後一塊拼圖，就是社交網路技術，以及採用通訊網路和社群作為接收資訊及協同合作的方式，並確保正確的資訊能夠傳達到對的人手上。

藉由發佈及公開應用程式開發介面 ，相關網路平臺可確保物聯網的資訊能直接傳送至客戶關係管理系統和其他軟體系統，以高效地善用這些資訊，並確保使用者能夠透過電腦、智慧型手機或其他行動裝置隨時加以存取資訊。

9-3 改變生活的 IoT 應用

物聯網實際運用在生活的範例

穿戴式裝置體積小，可以隨身攜帶，也可以隨時隨地輕易地同步訊息，例如：健康、心跳、睡眠狀況等，穿戴式裝置更可以為使用者呈現這些資訊，甚至發出健康管理方面的提醒。

以智慧城市基礎建設的應用來說，物聯網可以幫助管理機構藉由室外的即時訊息（例如亮度、溫度、濕度及車流量等），去控制街上的路燈是否需要開啟、交通號誌能否確實管理路況，及停車場的使用情形等。

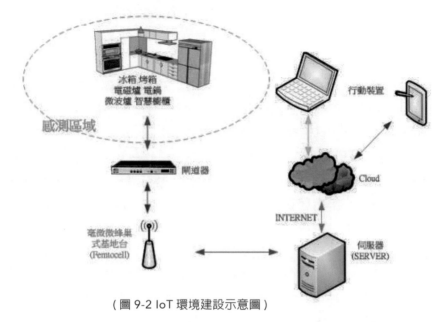

（圖 9-2 IoT 環境建設示意圖）

在衛生保健方面，IoT 應用程式可用於顯示病人的身體情況，這些智能醫療服務包括：精準控制病患在一天中不同時段藥物的用量，監測患者的身體液位並且能自動根據患者的需求啟動流體傳輸，同時，也能將這些數據透過無線傳輸給病患家屬及醫護人員等。

IoT 之智慧家電實例

當今社會有許多雙薪家庭，而廚房中的家電往往隱藏著許多看不見的危機，家中孩童誤觸電源開關，或家中長輩長時間使用廚房電器卻忘了關閉，造成鍋子空燒、瓦斯外洩及電線走火等風險，這些意外往往引發不可挽回的傷痛與悲劇。業者於是嘗試結合高科技無線傳輸功能，將各項器具非正常使用訊號由感測器進行感應，再將信號放大之後，經由具不同傳輸協定功能的無線發射與接收器，操控路由與閘道進行控制及監視廚房電器，達到安全百分百的器具使用目標。

例如大葉大學團隊在 2012 年彰雲嘉大學校院聯盟學術研討會分享，藉由在每個常用的廚具家電，如烤箱、電磁爐、電子鍋、微波爐、廚櫃裝置感測器，透過無線區域網路 (Wireless LAN, WLAN) 將數據收集回架設在天花板的閘道器，以毫微微蜂巢式基地臺 (Femtocell Network) 傳送至伺服器端口進行整理，使數據系統化，再經由網路上傳到雲端，使用者可透過行動裝置監看廚房即時狀況，進而給予指令回授控制家電，以確保當家裡無人或僅剩年長者和幼童在家時，保障廚房使用安全，又或者在廚房中的櫥櫃添加主動 RFID 感測辨識技術 (圖 9-3)，設定僅有配戴辨識標籤 Tag 手環的使用者方可開啟櫥櫃，避免孩童輕易接觸到危險物品，又或者，若家中成人皆是早出晚

歸的上班族，可以將料理好的食材放置對應鍋 (皿) 具中，經由行動裝置監控廚房家電，設定起始烹煮時間，等到回家後就有熱騰騰的飯菜可用。此外，智慧家居更可減少不必要的電費開銷，可說是一舉多得。

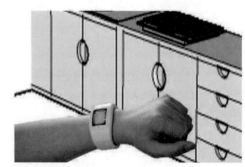

(圖 9-3 佩戴手環式 Tag 開啟 RFID 智慧櫥櫃)

9-4 人工智慧物聯網的未來與防範

導入 AI 成為 AIoT (人工智慧物聯網)

　　物聯網設備上具有人工智慧，是當離線或遭遇連線受阻時的理想

選擇，除了具有運算速度的優勢以外，運算數據保存在本地設施使得隱私受到保障。

ARM 公司 (Advanced RISC Machines,，ARM)，是全球領先的半導體知識產權 (IP) 提供商，在數字電子產品的開發中處於核心地位。ARM 認為物聯網相關數據在 2020 年透過 AI 商業化突顯價值，並利用蒐集的即時數據達成企業發展 AI 目標；在公領域，智慧城市與智慧零售讓消費者最有感，尤其零售業在 2020 年起有望大幅採用 AIoT 技術，利用 Beacon、互動式 Kiosk、客戶數據平台（Customer Data Platforms,CDP）等工具，串聯線上線下與前後臺，優化消費者購物體驗。

不論上述智慧城市、零售，抑或智慧製造業，隨著設備採集的數據越來越多，以在物聯網設備及雲端部署更多機器學習 ML 模型，未來透過 AI 技術優化獲得更準確結果與更快速的分析以即時處理大量數據的技術將越趨關鍵。

AI、5G、IoT 之未來與防範

AI、5G、IoT 三組字對不少人來說，看似陌生，但又有點熟悉。三組字面意思是人工智能、最新網絡協定和物聯網技術。依據 ARM 科技公司發表 2020 年報告（ARM 2020 Predictions Report），點出 5G、IoT、AI 三大議題從 2019 跨年持續延燒， IoT 與 AI 深度結合，更能提升商業價值。香港 PCM 電子報也以電動車為例，講解 IoT 在交通上的應用，例如電動車能使用專用 App 查看車輛的電量，或者向停車場預約停車位，並升起鎖車板確保預約車位等應用。

　　另外以智能家居為例，利用內置路由器的 Smart Gateway 作連接點，連線周遭的智能家居產品設備，如喇叭、燈、網路攝影機、電視等，最後經由智能鏡、智能手提裝置等介面作操控，達到硬件器材及軟件上的進步，並加入語音識別和臉部辨識功能。

　　語音識別方面，使用者得以一句說話控制多項設備，如早上的「起床啦！」，系統就會同時亮燈、開電視、開窗簾；或是在特定情境下達不準確指令，如「轉電影臺」，系統仍會以智能方式搜尋出相關的電臺以供選擇，或推薦頻道供使用者選購。

　　臉部辨識方面，現時的人臉部辨識行人毋需站立定格面對鏡頭，只需自然步行通過辨識器就能辨認，AI 也能判斷鏡頭前是否為真人，若只是平面人頭相片，系統會顯示錯誤訊息。無論是室內或室外，人臉辨識技術皆能達到極高的準確度。

　　至於以上技術，為何與 5G 有關連？比較 4G 和 5G，其一是網絡傳輸更快，以 3GB 影片計，4G 年代需 48 秒下載，5G 只要 24 秒。其次是即時回應速度，例如在自動智能汽車開發上，當車速達到 100 km/h，路上忽然出現小動物、障礙物等意外時，4G 至少需要 50 秒，即相距 1 公尺距離才能有反應時間，而 5G 只要 1 秒，即 10 公分前就能作出反應，這些反應時間對行車安全至關重要。另還有連接密度（Mass Connectivity）能力，每平方千米的地區，4G 可連接 2,000 個客戶，於 5G 設備上，可提升至連接 100,000 以上個客戶，這方面的進步尤其適用於 IoT 發展上。

　　但當臺灣進入 5G 商轉後，物聯網應用更將升級，隨之而來可能

就會是「萬物皆可駭」的資安隱憂。目前物聯網的資安認證在國際上還未有國家強制要求認證，但未來是否應訂定強制性法規，以及如何訂定國內外認證標準，是每個人都該仔細思考的資安議題。

⚙ 選擇題

1. ＿＿＿ RFID 通訊原理中，電磁耦合分為哪兩種？
A. 間接耦合（Indirective Coupling）和回波散射耦合（Electromagnetic Backscatter Coupling）
B. 感應式耦合（Inductive Coupling）和反向散射耦合（Electromagnetic Backscatter Coupling）
C. 電容耦合（Capacitance Coupling）和遠場耦合（Far field Coupling）
D. 近場耦合（Near field Coupling）和集中耦合（Central Coupling)

2. ＿＿＿ 下列何者不是短距離無線通訊技術？
A.Zigbee　　B. 紅外線　　C. 電信網路　　D. 藍牙

3. ＿＿＿ 市面上販售的「高斯計」，較不適合用於量測下列何者設備？
A. 電力設施　　B. 行動基地臺　　C. 家電　　D. 燈具

4. ____ 下列哪種材料可以用來控制與阻擋電磁波的傳遞？
   A. 玻璃　　B. 厚紙板　　C. 水　　D. 細鐵絲網

5. ____ 關於智慧門票，下列敘述何者不正確？
   A. 可以防止遊客在不當場合飲食　　B. 可以用來做場館人數控制
   C. 可以協助遊客參觀園區　　D. 可於門票嵌入 RFID 標籤

測驗答案：1.B 2.C 3.B 4.D 5.A

👉 參考資料

陳冠榮（民 109 年 2 月 14 日）物聯網資安聯合檢測中心成立，引進 UL IoT 安全評等。TECHNEWS 科技新報。

Fung Ka Wing（民 108 年 9 月 30 日）全新科技教育結合 AI*5G*IoT〈上〉。PCM 電子報。

拓墣產研（民 109 年 1 月 13 日）ARM 發表 2020 年科技預測報告，AI 與 IoT 將深度結合。TECHNEWS 科技新報。

橘子亂說話（民 106 年 7 月 22 日）什麼事物聯網。橘子亂說話。

王文娟 .(2016). 物聯網概念及應用 . 經濟前瞻 ,(168), 29-36.

Fung Ka Wing（民 108 年 10 月 1 日）全新科技教育結合 AI*5G*IoT〈下〉。PCM 電子報。

章硯翔 , 林朝源 , 鄭淑貞 , & 關年貝 .(2012, December). 物聯網觀念於可行性應用案例之分析 . In 彰雲嘉大學校院聯盟 2012 年學術研討會 (101/12/07) 2012-12-07 2012-12-07 大葉大學 . 大葉大學 工業工程與科技管理學系

單元十

人工智慧的應用：
智慧無人商店

臺北市 3A 科技教學基地中心 白世文組長

前言

　　「智慧無人商店」運用 AI 人工智慧及物聯網技術，結合影像辨識、攝影機、感測器、RFID 等設備，提供顧客「just walk out」的購物新流程，並將顧客購買行為匯集雲端進行大數據運算，提高零售效能。「無人商店」(unmanned store) 的零售模式雖可因應人力不足的社會現象，但商店店員的工作也可能因此被 AI 取代。或許你可以在「無人商店」的發展脈絡及 AI 運用技術中，發現未來職業的可能性！

教材內容

> 想要購物時獨立自主不被打擾嗎？
>
> 想要結帳時「拿了就走」（just walk out）無須排隊等待嗎？
>
> 想要買東西但又不想帶著沉甸甸的紙鈔及零錢嗎？
>
> 沒有服務人員、收銀人員的「智慧無人商店」，將滿足你的需求，實現你的願望！

10-1 運用 AI 的新零售模式

「無人商店」的核心定義

當你走進一家沒有人的商店就是「無人商店」了嗎？還是當你結帳時沒有收銀人員為你結帳，就是「無人商店」了呢？其實，所謂的「誠實商店」，也是沒有收銀人員的，而是在結帳時由顧客自己誠實的付款。那麼，「無人商店」應該還有更先進的功能和意義吧！

美國亞馬遜公司 2016 年宣佈推出的「無人商店」，將人工智慧等現代科技運用至商店的販售流程，為消費者提供自動化消費無人服務的新零售模式，體驗更快速、自在的購物服務。同時，在世界各地開始以「無人」為目標的類似概念商店，也陸續成立。

「無人商店」的趨勢

因應現代生活匆忙、人力短缺及人工智慧等科技發展的因素，革命性的「無人商店」，規劃運用科技於第一線的零售端，以高科技提

供低人力的服務場域，達成現代生活需求的「低接觸服務」。

　　人工智慧的普及已應用於購物、物流、醫療、治安等日常生活，為了讓與生活息息相關的零售商店更加便利，以適應都市化的匆忙及少子女化的人力短缺現象，零售業者及科技業者紛紛投注資金，研發各大實驗型態的「無人商店」及設備。

「無人商店」的面向（dimension）

　　「無人商店」從不同的思維角度，能被賦予不同的名稱稱呼：因為店裡沒有服務人員及收銀人員，所以可稱為「unmanned」store，或是「unstaffed」 store；也因為沒有服務人員，購物程序須由消費者配合科技設備自行完成，可以說是「self-service」store；又如果是運用人工智慧技術，讓消費者將商品「拿了就走」，店裡沒有結帳區（checkout area）的「無人商店」，也可以稱為「checkout-free」 store。

　　除了將焦點放在商店的「消費」或「服務」流程，如果我們專注在科技運用角度，近來校園裡也有使用「智慧商店」— smart store 的用語，強調科技在零售業的運用，以融合新興科技推及教育活動體驗的方式進行。

10-2 從人臉辨識到物聯網結帳的購物體驗

　　「無人商店」運用科技提供消費者購物的新體驗，這些科技發揮了哪些功能，又是如何應用在「無人商店」呢？

科技技術的整合

現今「無人商店」主要的運用技術，識別系統包含人臉辨識或APP 識別，結帳系統可分為人工智慧及物聯網兩大系統：人工智慧系統以人臉辨識技術驗證消費者身分，確認其進行店內購物及並進行自動化結帳，讓消費者可以將商品「拿了就走」；物聯網系統是運用無線射頻識別技術，將商品貼上電子標籤，付款時在商品識別區上快速地自助感應結帳。

上列兩種技術，透過 AI 深度學習的電腦視覺辨識技術可使購物流程更為直覺且迅速，搭配攝影機、貨架感測器等資訊感應輸入設備，達成「無人商店」速捷購物的目標。

從進入「無人商店」，到選物、結帳，一般會運用到的幾類設備如下：

1. 辨識身分並進入「無人商店」（及結帳）—
   人臉辨識：電腦視覺技術偵測人臉後比對（已註冊的）資料庫。
   APP 識別：行動載具（如手機）專屬 APP，讓使用者註冊以確認
   　　　　　身分。
2. 購物—
   攝影機：以電腦視覺技術記錄顧客動作，判斷其購物選擇並做喜好分
   　　　　析。
   感測器：貨架設置壓力（重量）感測器，感測物品是否被拿取或放回。
   RFID：商品藉由貼上 RFID 標籤，搭配掃碼槍等識別結帳。

為精確識別顧客的購物行為，以亞馬遜公司的「Amazon　GO」為例，結合了顧客智慧手機的訊號並用麥克風偵測客戶走路聲，以持

續定位消費者的位置；另有攝影機依據皮膚光澤與體溫辨識出消費者的手，運用 RFID 無線射頻掃描辨識、貨架內建的壓力感測板與產品包裝內的無線電發射器，來辨識架上的物品是否已被拿取。

3. 結帳—

識別	購物	結帳
人臉辨識 APP 識別	攝影機 感測器 RFID	自助結帳 系統

（圖 10-1：技術運用示意）

自助結帳系統：以電腦視覺或 RFID 技術偵測確認結帳商品。

「無人商店」的人工智慧影像辨識系統，除了可以辨識消費者，還可以辨識消費者的購物及結帳行為，並自後臺分析貨架上的存貨情形、熱點分佈，以及商店熱點分析、防竊盜監控等，將匯集的大數據於雲端操作，進一步預測顧客喜好的商品及存貨情形，提供顧客商品建議及公司補貨、新品設計的參考。

簡便的購物流程

想像未來當你走到「無人商店」門口，使用人臉辨識，或以手機上的二維條碼（QR code）掃描感應進入「無人商店」，你選取的物品上如果貼有 RFID 電子標籤，結帳時你可以到自助櫃檯經由 RFID 技術感應結帳，或者你的行動與選物可以被物品感應器及攝影機即時偵測、記錄，讓你在購物完成即可直接走出商店，系統自動於線上付款，你也就流暢完成了在「無人商店」的購物流程！

購物流程的自動化，減少消費者排隊及結帳的時間，並可依據消費記錄，提供顧客購物建議，同時減少接觸到店員等人力，或者避免顧客與店員產生不必要的溝通糾紛。

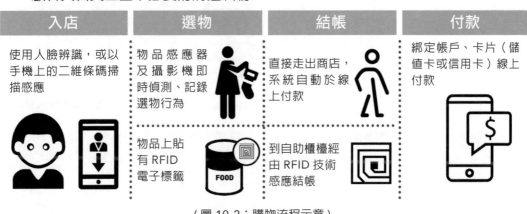

入店	選物	結帳	付款
使用人臉辨識，或以手機上的二維條碼掃描感應	物品感應器及攝影機即時偵測、記錄選物行為	直接走出商店，系統自動於線上付款	綁定帳戶、卡片（儲值卡或信用卡）線上付款
	物品上貼有 RFID 電子標籤	到自助櫃檯經由 RFID 技術感應結帳	

（圖 10-2：購物流程示意）

實用的「無人商店」科技

無人經濟的發展方式，是基於人工智慧及物聯網應用平臺，將各種智慧終端設備串聯及整合，並於雲端分析數據以尋求解決方案。

「無人商店」的設置，需要各類固定的智慧化設備，基本上包括：自動結帳機、智慧販賣機、智慧貨架及智慧購物車／購物籃等。透過 AI 整合軟硬體解決方案，如：身分辨識、金流支付、影像感測、RFID、環境感知及語音辨識等。另外，亦有無人商店設置人工智慧演算法進行學習與決策的自主載具，如：迎賓機器人、導覽機器人等服務型機器人。

「無人商店」支付採用的技術，也以人工智慧及物聯網兩大系統模式為主，實現綁定信用卡、帳戶或儲值卡片的無現金交易模式。

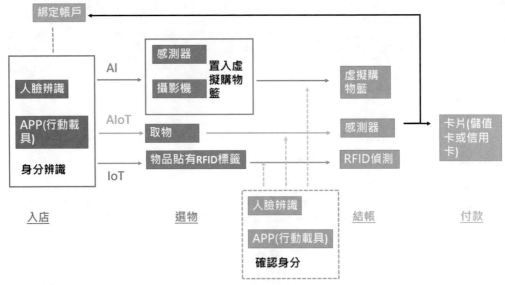

（圖 10-3：「無人商店」購物運用設備流程簡要示意）

有些商店還有以掃描手掌靜脈的入店及結帳方式，也有辨識虹膜、手掌（表面掌紋、內部靜脈血管等）特徵的「非接觸式生物辨識系統」，作為識別顧客入店及結帳工具。臺灣於 2018 年開始成立「無人商店」概念店，多採物聯網的技術模式，可使用現金、悠遊卡及信用卡等工具付款，並做「移動賣場」的嘗試，結合現有超商或賣場的消費通路，提供另類（alternative） 的購物流程選擇。

10-3 無人的服務顧客會買單嗎?!

　　「無人」商店的零售方式植基於傳統的「有人」商店交易方式，相較之下，「無人商店」是否提供了更好的服務體驗，是否將精省的人事成本回饋於消費者，便成了發展「無人商店」須被社會大眾及公司企業檢視的課題。

購物服務不夠簡便與溫馨

　　「無人商店」的結帳模式以採自助式或直接帶走、線上自動付款

的方式。自助式結帳的程序需顧客自己操作介面完成，系統介面間也需要縝密的整合，對有些顧客而言操作有些繁瑣；如為直接帶走的方式，對於系統是否正確扣款，有些消費者還是有心理上的負擔，難以完全適應如此自主式的結帳模式。

另外，傳統商店提供的「人味」服務，除了人與人之間的噓寒問暖外，還有物品位置的詢問、言語及眼神互動等，「無人商店」的購物方式強調少接觸的單純感，雖然簡明快速，但也少了急需協助時的即時回應與協助，難免有缺少人際溫暖的負面評價。

科技技術還未到位

「無人商店」強調科技感的消費體驗，甚或是人類生活發展的未來感，但現今囿於科技還沒有達成全智慧的目標，所以消費體驗尚未能與傳統商店完全區隔，亦未能完全翻轉購物的消費模式，所以消費者沒有感覺到更佳的消費體驗。

在商品售價方面，「無人商店」與傳統商店的顯著差異在於前場人力—結帳員的精簡，但「無人」商店是指對消費者而言，即使沒有看到結帳人員，但是貨架整理、補貨上架、店面清潔等還是需要現場人員的作業，就公司而言，結帳員的人事成本僅占整體支出的一小部分，且科技設備的經費投注更為龐大，設備的操作也需要技術人員，在努力提高效率的同時，投注的設備資金跟維運支出並沒有降低公司的經費成本，是以未能將結帳員的人事經費反映在降低物品的售價，顧客並沒有感覺到「無人商店」回饋於售價的購物誘因。

不能公平消費也是一種歧視

對於「拿了就走」的購物方式，每個人都準備好了嗎？目前的「無人商店」技術，顧客如以 APP 確認身分，必須購置智慧型手機等行動載具，而「無人商店」付款方式則多以信用卡或銀行帳戶，但信用卡及銀行帳戶的申辦，須有一定的身分、年齡以及財力證明等，亦非人人皆有購買智慧手機的財力及使用手機的習慣。

對難以申辦信用卡、銀行帳戶的顧客而言，會有無法購物的歧視及不公平之虞，所以美國有些地方已經立法不得限制現金交易，而這種有條件式的購物消費方式，也使得「無人商店」的入店率受到影響。

10-4 AI 智慧販售再升級

「無人商店」的展店趨勢，雖然在目前種種的環境瓶頸中由蓬勃拓展而趨於審慎試探，但「無人商店」的核心概念實現並不在於「無人」，而是在商店中運用的人工智慧等科技技術，所以應用人工智慧等科技的零售業，仍有其持續進展的動力與發展的可能性。

智慧販售趨向多元化

為了達成「無人商店」的終極目標，零售業正以結帳程序的科技化逐步改變人們的消費習慣，當人們自助結帳像滑動手機那麼直覺而方便，或是科技的發展已讓人們可以將物品「帶了就走」，那麼結合科技的銷售賣場「無人商店」消費模式，或許就會成為人們日常生活中的一環，「無人商店」也開始會大量展店以符應購物需求。至於有關進貨、補貨等作業，亦可開發系統補貨與下架過期商品，以精省人

力並提高效率，進而實現「無人」商店的目標。

「無人商店」因應目前顧客的消費習慣，已有轉型及再應用，舉例如下：

1. 智慧販賣機：販賣機的購物方式已在生活中普遍被應用，「無人商店」的微型應用如能化整為零，依據同類商品的特性分置專機或專區，將更能發揮「無人商店」智慧、便捷的科技特性，讓商品的選取、購買更加簡易與便利。且因為智慧販賣機採用了數據串聯及自動監測等技術，系統能及時反映缺貨的情形，也能控管每件商品的有效期限，並將銷售情形自動匯入公司營運系統，以提升效能並精簡作業人力。

2. 複合式智能店：為了避免由「有人」到「無人」（運用人工智慧）的急遽感，所可能造成的技術不足及心理感受落差等缺點，超商開始嘗試結合有人及無人商店特性的智能型態，使超商業經營方式轉型升級。

教育推廣走入生活化

科技因人類的需要而發展，人類即是科技的需求者與創造者。教育的功能在於引導現在的學子或社會大眾，能夠依據需求應用現有科技，甚至進一步發展科技，以適應環境變遷下的未來生活。是以運用科技於日常生活的智慧商店或智慧販賣機，便成了教育學子接觸及認識科技的體驗場域。

臺灣高等學層的校園，自大學起已逐步設置智慧販賣機，往下推

左上：AI 行動體驗無人商店

右上：雲端 AR 虛擬店長

左下：入口辨識系統

右下：自助結帳系統

(圖 10-4：永春高中 Smart Life 智慧商店)

動融入國民教育階段，並將智慧支付等觀念及消費方式往各學層融入推動；也有學校建設校園「無人商店」，將人工智慧等新興科技融入校園生活中體驗學習。例如：設置於臺北市立永春高級中學的臺北市3A 教學基地暨教育部國教署新興科技推廣中心，便將智慧商店以行動貨櫃的方式，運用 AIOT 感測及 AR 等技術，打造移動式的教學場域，在校園中推廣「無人商店」的未來感購物模式，並串聯金流、物流與學生運動及飲食健康管理等數據，培養同學新課綱的素養認知。

偏鄉服務導往在地化

少子化已是開發國家的普遍趨勢，臺灣社會亦出現此現象，而城鄉差距下的偏鄉部落，人力資源的短缺更是明顯。講求自動化的「無人商店」或是智慧販賣機等，會是解決偏鄉人力短缺困難的可行方案。

「無人商店」或智慧販賣機的設置，可增進生活物資的交易機能，滿足日常生活所需物資供應，亦可販售在地農特產或文創物品等，以商品在地性及差異化建立商店的獨特性，讓智慧商店的功能益加顯明。

2030 年的臺東

坐落於野外的「無人」商店

在地農產選購

智慧購物線上結帳支付

（圖 10-5：2030 年偏鄉在地生活智慧購物願景
圖片來源：臺灣 2030-- 智慧未來擁抱美好生活（行政院數位國家創新經濟推動小組））

　　隨著「無人商店」的技術逐漸成熟，普及設置無人商店，不但可解決社會人口高齡化勞動力不足的困境，從另一角度而言，以 AI 處理庫存管理及物流自動化，同時還能節省成本並提高效率，因此屬於

勞力密集的零售業商店店員等工作，亦會有大幅減少的可能。除了發揮人類優勢能力透過 AI 創造工作價值外，試著想想看，你未來可以從事什麼職業呢？

從「無人商店」運用的相關啟示，想想看一運用 AI，我以後可以從事什麼職業呢？			
智慧販售	教育推廣	偏鄉服務	
成為擁有龐大智慧商店通路的企業家	成為推動科技學習的教育家或是科技人才	成為弭平城鄉差距、數位落差的慈善家或文創家	……還有更多更多喔

（插圖 10-6：職涯發展想一想）

測驗

☼ 選擇題

1. ＿＿＿ 下列哪一項是「無人商店」的核心定義？
   A. 進入商店時沒看到顧客。
   B. 沒有收銀人員為你結帳。
   C. 網路上沒有人提供評價的商店。
   D. 運用人工智慧等現代科技於販售流程的商店。

2. ＿＿＿ 美國亞馬遜公司在哪一年宣佈推出「無人商店」呢？
A.2015 年　　B.2016 年　　C.2017 年　　D.2018 年。

3. ＿＿＿ 下列哪一項不是「無人商店」的英文名稱？
A.unmanned store　　B.staffed store
C.self-service store　　D.checkout-free store

4. ＿＿＿ 物聯網系統是運用哪一項技術，將商品貼上電子標籤，付款時在商品識別區上自助感應結帳呢？
A.big data　　B.cloud　　C.RFID　　D.APP

5. ＿＿＿ 下列哪一項不是到「無人商店」購物必須經過的流程？
A. 天氣預報系統　　B. 人臉辨識系統
C. 物品感應器　　D. 自助結帳系統

測驗答案：1.D 2.B 3.B 4.C 5.A

◉ 延伸思考

「無人商店」的浪潮持續發展中，想像一下，未來的「無人商店」會是什麼模樣，而你會在智慧零售鏈中擔任什麼工作呢？

👉 參考資料

Cheers 快樂工作人雜誌，即將被 AI 取代的 10 個職業 (取用日期： 2020 年 01 月 01 日)

Money DJ 理財網，無人商店 (取用日期： 2020 年 01 月 01 日)

The China Post，2019，有科技沒人性？無人商店該有的科技面貌應是這樣 This is how new technologies must be used in unmanned stores(取 用 日 期 ： 2020 年 01 月 01 日)

三宅陽一郎（2019）。全圖解！ AI 知識一本通：用故事讓你三小時輕鬆搞懂人工智慧（初版）（張嘉芬翻譯）。新北市：聯經。

小世界 Newsweek，2018，新零售時代來臨 無人商店掀起國際熱潮 (取用日期： 2020 年 01 月 01 日)

工商時報，2019，永春高中 Smat Life 智慧柑仔店揭幕 (取用日期： 2020 年 01 月 01 日)。

中央通訊社，2019，科技兼具人情味 超商複合智能店插旗高雄 (取用日期： 2020 年 01 月 01 日)

中央通訊社，2019，漫遊霧臺 ~ 好智慧 ~ 無人店鋪、kiosk 導覽機科技帶來新生活 (取用日期： 2020 年 01 月 01 日)。

中時電子報，2018，無人商店 x 服務型機器人 AI 引領無人經濟起飛 (取用日期： 2020 年 01 月 01 日)

今周刊，2018，無人商店來了 智慧新零售時代來臨 (取用日期： 2020 年 01 月 01 日)

未來城市 Future City@ 天下，2019，從 NEC 論壇的 10 個案例，回顧 2019 年日本 AI 應用與趨勢 (取用日期： 2020 年 01 月 01 日)

好奇心日報，2017，人工智能將會如何影響人類的職業？這裡有 11 個趨勢預測 (取用日期： 2020 年 01 月 01 日)

痞客邦，2017，【專題整理】無人商店正夯！不用懷疑！拿了就走!(取用日期： 2020 年 01 月 01 日)

自由時報，2019，北市永春高中智慧柑仔店 數位學生證結帳 (取用日期： 2020 年 01 月 01 日)

經理人，2019，400 店取消 24 小時營業！7-11 無人商店的失敗，反而是超商的轉型契機？(取用日期： 2020 年 01 月 01 日)

行政院數位國家創新經濟推動小組，2019，臺灣 2030-- 智慧未來擁抱美好生活 (取用日期： 2020 年 01 月 01 日)

經理人，無人商店 unmanned store(取用日期： 2020 年 01 月 01 日)。

每日頭條，2019，第一批無人店快死光了，買買買的未來在哪裡？(取用日期： 2020 年 01 月 01 日)

經濟日報，2019，商業興觀點／無人商品的缺失 (取用日期： 2020 年 01 月 01 日)

品玩 PingWest，2020，亞馬遜人手支付來了！不刷臉，刷手就能付錢 (取用日期： 2020 年 01 月 08 日)

聯合新聞網，2019，陸無人商店大崩盤！2 年狂潮…被 2 個真相壓垮 (取用日期： 2020 年 01 月 01 日)

科技新報 TechNews，2019，「拿了就走」非人人適用，Amazon Go 無人商店打算收現金了 (取用日期： 2020 年 01 月 01 日)

癮科技 Cool3c，2019，無人商店之眼：席捲新零售時代的 AI 智慧貨架 (取用日期： 2020 年 01 月 01 日)

單元十一

人工智慧的應用：
櫃檯服務機器人

臺北市 3A 科技教學基地中心　白世文組長

　　服務於旅館的「櫃檯機器人」（counter robot），運用雲端運算、物聯網等技術，結合影像辨識、語音處理及自動導航等功能，提供旅客從入住登記到退房的前臺服務，以及將行李、餐點送至房間的搬運服務等個人化住宿體驗，經由數據化的管理及機器學習，精簡旅館營運成本，也提高了服務顧客的效率。在無人化的商業浪潮中，我們可多多發揮人類的能力優勢，嘗試思考以人機協作的方式，開創職涯新發展方向。

當你到一家旅館、商店、餐廳，迎面對著你的是機器人時，你會揮手說 Hello，並且在心中讚嘆科技的神奇與進步嗎？

因應 AI 時代的來臨，近年來已有旅館設置自動化接待櫃檯，運用後端支援平臺，提供旅客便捷、隱私的 check-in 自助式住宿服務。有的飯店還搭配「櫃檯機器人」，以模擬人類外型、表情及語言表達等方式，進一步提供顧客所需要的互動導引服務！

11-1 整合 AI 在櫃檯服務的機器人

旅館櫃檯服務機器人最早於 2015 年，在日本長崎豪斯登堡主題公園的怪奇飯店（Henn na Hotel）智慧旅館開始應用，由恐龍和日本女士造型的機器人擔任前臺接待員，使旅客初進飯店來到櫃檯就有耳目一新的驚奇感，另外也應用了許多機器人分別從事各類不同的旅館工作。

什麼是「機器人」？

當你到無人商店時，是否曾留意到立在門口的人形手持動態螢幕機器人？在工廠生產線、居家看護、機場及醫院等場所，也有一些不同功能機器人的形跡。

近年來有賴人工智慧搭配軟硬體技術發展，「機器人」結合了影像辨識、語音處理及自動導航等功能，所能表現的能力也就跟人類越來越相似了；其中以模仿人類外觀（包括和人類有相似的肌體）和行為的機器人，被稱為類人形機器人或人型機器人（android）。

在現代生活中，我們周遭有許許多多的機器，形狀也因為功能不同而有多樣化的設計，那麼，只要是「人形」的「機器」就是「機器人」嗎？通常，人們會將有類似人類外型、行為或能力的「機器」或「類人形機器」，特別指稱為「機器人」。

就具體功能而言，「機器人」包括了可收集資訊的感測器、可碰觸物體的機械手臂、可移動的輪子和可以對話溝通的喇叭等硬體，並搭載將智慧程度不等的軟體，進而與人類世界接觸。

是「機器」還是「人」？

當你跟別人提到機器人時，對機器人會稱呼是「一位」、「一臺」或是「一個」機器人呢？你注意的焦點是「機器」還是「人」？在 AI 機器學習的現代科技發展下，或許 AI 機器人已不僅於在圍棋及電競等領域領先人類，而且在其他方面的表現也越來越像人類了，而機器人學習方式的演進，其功能甚至可能超越自然人類。

「機器人」的功能在於模仿人類，而一般我們會將看到的機器人以人類外型所表現出來的行為，作為認定的依據。

「櫃檯服務機器人」可以做什麼

旅館櫃檯是旅宿業者提供旅客服務的第一線介面，通常可提供登記、結帳及諮詢等服務，而旅館作為旅人住宿停泊的地方，也希望能提供來自各地的顧客獲得有如回到家中搬的親切感。

目前「機器人」基本上不如人類行為自由和自主，通常從事簡單、動作或行為重複的工作，而在旅館櫃檯，亦可搭配自助報到機提供語音問候與諮詢服務，並以模仿人類的外型營造親切感，或設計成其他造型，如：恐龍、流線造型機器人等，為客戶表現出新奇、可愛等不同的感覺。

11-2 在服務中機器學習

AI 機器人的功能近年來大幅成長， 各行業亦開始嘗試將其應用於工作領域，以簡化並協助人類工作，或創造不同的顧客服務體驗。

讓機器人到櫃檯

引進 AI 的智慧飯店，在不同的服務流程與內容，可運用門口迎賓、接待櫃檯、行李搬運、客房服務、客房管家、餐廳、清掃及保全等不同功能的機器人。

櫃檯機器人為旅客設定了親切的笑容，並能運用多國語言服務來自世界各地的顧客，降低語言不通所可能帶來的隔閡，進而為旅客提供精簡、快速的自助式導引服務。

以技術提高效率的「櫃檯服務機器人」

一般智慧旅館較先引進並較常運用的服務型「櫃檯機器人」，經由雲端運算、物聯網等技術，精簡旅館營運成本，並以數據化的管理及機器學習，提高顧客個人化服務的效率，並提供住宿推薦等服務。主要服務功能如下：

前臺：入住登記到退房。

櫃檯機器人可提供顧客入住登記到退房的導引服務，因為少子女化及人口老化的現象，投入機器人至服務業可補充人力不足的現象，並可避免人類員工情緒對顧客服務可能帶來的負面評價。

搬運：將行李送至房間。

應用機械臂搭配移動式客房服務機器人，運用室內定位和智能導

航技術，協助客人將行李自動搬運至房間，安全、有效地執行重物搬運任務，並可提供如遞送備品及餐點等多樣化自助服務。

（前臺）   （搬運）

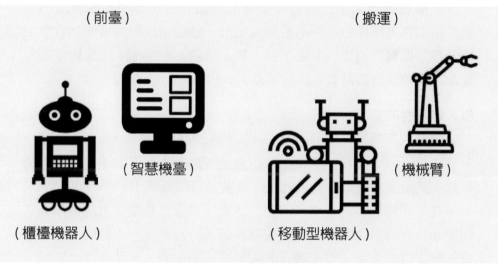

（智慧機臺）   （機械臂）

（櫃檯機器人）   （移動型機器人）

（圖 11-1：機器人旅館）

「櫃檯服務機器人」在臺灣

2016 年起臺灣即開始將人工智慧機器人應用於旅館業，稱為「無人旅店」、「智能旅店」等，結合時下智慧機臺自助 check in 及巨大機械手臂、機器人服務生搬運行李等技術服務，提供旅客不同的住宿選擇與體驗。

在「無人旅店」裡，旅客從入住到退房，都經由電腦系統服務，不必接觸到服務人員，實現了自動化的理念，確保旅客隱私，提供個人化且客製化的住宿體驗。

11-3 當現在的 AI 來到目前的櫃檯

　　「櫃檯機器人」是旅客投宿智慧旅店作為第一印象的實際的互動，是以為人類提供服務的初衷而設計，並期望在與人接觸的介面上提供顧客優質的感受，進而達到「無人旅店」的目標，但實驗性運作以來，與預想的期待似乎尚有落差。

似人非人的尷尬

　　櫃檯人員需要親切的服務，所以工程師為 AI 機器人設定了笑容，只是非真人的「笑容」讓每個人的感受不盡相同，可能不僅覺得不夠真實，甚至還會感覺機器人員工「笑容」有點恐怖！

　　在「恐怖谷假說」中，人類對仿真人偶的好感度，會隨著似人的程度而有波動的趨勢，當人形機器人仿真的程度接近人類時，好感度會出現下降的波谷，似人卻又非人，是人形機器人在能更加仿真前，必須突破的人類心理接受度障礙。

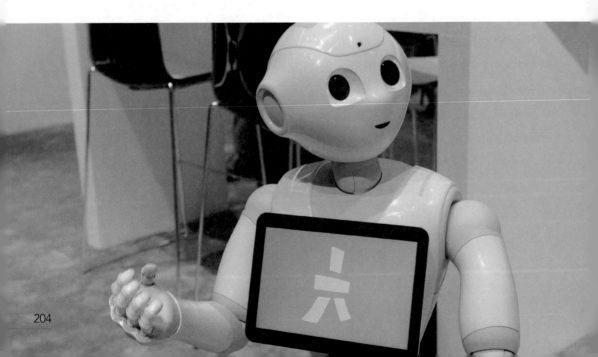

無法提供完善的服務

對顧客而言，在異鄉有如「家」一般溫暖的感覺，是旅宿業中重要的服務。

全自動化 AI 智慧旅店，由顧客自行操作相關介面以完成住宿的各服務項目，尚未能完全提供住宿期間各方面生活中的主動照料，也不能滿足部分顧客對「人味」服務期待，不習慣科技設備操作顧客，可能也無法享受旅館完善服務。

營運成本過高

為了提供更精緻化的服務，業者需要投入更多的設備成本，但以目前的科技發展，將設備升級的成本甚屬偏高，且技術層面也還未能充分支持服務業所需。

另外，運用櫃檯機器人的智慧旅館，雖然節省了部分的營運人力，但在設備操作的過程中，可能需要其他人力提供設備操作諮詢，或櫃檯機器人尚無法處理事務的支援及困難排除，整體而言，成本不見得會比雇用人力便宜。

11-4 旅館櫃檯人工智慧化

隨著 AI 時代的來臨，無人化的服務正在各行各業嘗試性地開始發展，無人化的浪潮與商機，可能會為我們的未來帶來什麼影響呢？

「無人」也可以提供好服務

在人口減少及 AI 科技快速發展的環境下，「無人化」在服務業的應用趨勢，包括無人旅館、無人商店、無人銀行、無人機送貨及無人倉儲等，除了精簡人力成本外，更有服務轉型與升級的挑戰。

「無人化」對於消費顧客而言，除了新奇的體驗感之外，在現代快速匆忙的時間壓力裡，訴求主動掌握的快速流程及個人化服務，隨著應用科技的教育扎根和生活應用的融入，人們對「無人化」的接受度與需求性勢必將越來越高。

櫃檯人員的職業可能會被 AI 取代

因為電腦、網路的普遍化，就業市場也勢必將面臨轉型，雖然將來因為 AI 可能會創造出更多的工作機會，例如：全球 AI 領域即亟需熟悉演算法、機器學習的機器人的技術人才，但有些工作也將因應 AI 的崛起而消失或被取代。

目前人工智慧的機器學習，雖然囿於未建立完整的資料樣本數，還有其運作及技術上的限制，但在 AI 科技學習方式的急遽發展下，機器人對於單一式工作的優勢，於重複性且預測性高的工作項目已漸能勝任，是以該類的工作可能將由 AI 機器人代勞。透過人工智慧的技術，提高機器人協助提高人類的能力，能讓機器人完成以往無法辦法實現的工作，或做得比人類更有效率。

　　預估在 AI 世代，包括櫃檯人員及電話行銷、貸款授信人員、櫃檯人員、律師助理、計程車司機、速食餐廚師和產銷製造等知識密集度較低、勞力密集度較高的職業，可能會逐漸由 AI 機器人代替。觀察「櫃檯機器人」這幾年在職場的試驗，自動化的觸控螢幕及擬人化的 AI 雖在功能上能輔佐櫃檯人員的工作，卻不一定能提供顧客「人味」、溫暖的服務，我們更應該發揮人類的特質，學習並發展多面向的技能，以表現溝通性、創意性並富有溫暖的情感，建立自己專有的職場能力，不僅不會被人工智慧所取代，更能瞭解 AI、運用 AI，與 AI 一起工作來促進工作效率及價值。

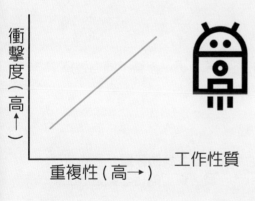

關聯性：
工作重複性越高，衝擊度越高

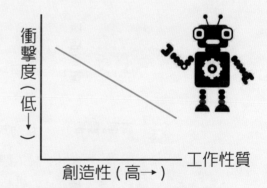

關聯性：
工作創造性越高，衝擊度越低

（圖 11-2：AI 衝擊職業的關聯性）

發展 AI 的實用性

從「服務」的角度而言，不同的服務內容有不同的設備需求。以現在發展的「人形」機器人而言，即使機器人的四肢或頭部甚至臉部等外型，及其說話、相關特徵等可與人類相似，但卻無法創造或產生感情，且就功能而言，「人形」與「機器」也不一定有必要的關聯，模擬人類的外型等元素，尚非必要的部件。

又以目前的服務功能而言，AI 及 IOT 的輸入及終端設備，已能完成服務的需要，然而人類與 AI 的思考模式並不相同，以「人形」為基礎的擬人機器人，現階段發展仍有其瓶頸，如能專注於功能實用性的發展，應能與人類的專長特質互補，以更符合人類生活所需。

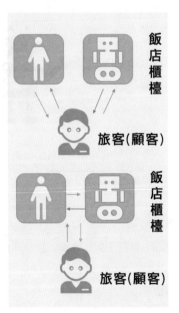

· 平行式：相同服務，提供旅客不同的選擇

· 互補式：

　1. 人類為主：以機器人輔助較單一性的資料鍵入 check in 及勞務型的行李搬運等工作

　2. 機器人為主：人類協助提供旅客即時諮詢及主動關懷等

（圖 11-3：櫃檯服務員與機器人合作的可能轉型）

測驗

選擇題

1. ____ 「機器人」結合了什麼功能後，跟人類也就越來越相似了呢？
   A. 影像辨識　B. 語音處理　C. 自動導航　D. 以上皆是

2. ____ 日本的 Henn na Hotel（怪奇飯店）智慧旅館在哪一年開始使用「櫃檯機器人」呢？
   A.2015 年　B.2016 年　C.2017 年　D.2018 年

3. ____ 下列哪一項不是智慧旅館櫃檯運用的科技技術？
   A.AI 機器學習　B. 生物醫學　C. 雲端運算　D. 物聯網

4. ____ 下列哪一項不是目前主要運用於旅館的機器人功能呢？
   A. 門口迎賓　B. 接待櫃檯　C. 搥背按摩　D. 行李搬運

5. ____ 預估在 AI 時代，工作性質的創造性越高，AI 對職業的衝擊度會如何呢？
   A. 越高　B. 越低　C. 沒有影響　D. 隨機改變

測驗答案：1.D 2.A 3.B 4.C 5.B

延伸思考

機器人的功能越來越強大，想想看，你可以怎麼與機器人合作，人機協作完成現在或未來可能的職業任務呢？

👉 參考資料

TechNews 科技新報，2019，3年實驗失敗，日本機器人酒店決定重新雇用人類（取用日期：2020年01月01日）

3S MARKET「全球智慧科技應用」市場資訊網，2017，這6種服務機器人未來大有可為（取用日期：2020年01月01日）

TEEPR 亮新聞，2018，高科技的詭譎！他入住機器人 CHECK IN 飯店 櫃檯小姐冷笑瞪眼：需要幫忙？（取用日期：2020年01月01日）

DIGITIMES，2017，李開復：AI 應朝實用發展 而非專注人形機器人（取用日期：2020年01月01日）

vanna，10大會被 AI 取代的工作以及10大不會被取代的工作（取用日期：2020年01月01日）

i 創科技，2017，是機器還是人？你真的夠了解機器人嗎？（取用日期：2020年01月01日）

三津村直貴（2019）。圖解 AI 人工智慧大未來：關於人工智慧一定要懂得96件事（初版6刷）（陳子安翻譯）。臺北市：旗標。

MakerPRO，2019，【機器人講堂】毛骨悚然！似人非人的恐怖谷假說（取用日期：2020年01月01日）

大西可奈子（2019）。超圖解！認識 AI 人工智慧的第一本書（初版二刷）（許郁文翻譯）。臺北市：碁峰資訊。

Sci-Tech Vista 科技大觀園，2018，AI 機器人過去、現在、未來（取用日期：2020年01月01日）

中時電子報，2017，AI 世代來臨 6職業將消失（取用日期：2020年01月01日）

天下雜誌，2019，未來 3 年，你的工作還在嗎？不怕累、不用領薪水的同事正要取代你（取用日期：2020 年 01 月 01 日）

科技政策觀點：Research Portal，2018，人工智慧對勞動就業的影響（取用日期：2020 年 01 月 01 日）

未來城市 Future City@ 天下，2019，八張圖，一次搞懂人工智慧的現在、未來，及對你工作的影響（取用日期：2020 年 01 月 01 日）

國家教育研究院雙語詞彙、學術名詞暨辭書資訊網，類人形機器人（取用日期：2020 年 01 月 01 日）

全球安防科技網，2016，以服務為核心：智慧旅店方案之櫃檯接待 3.0(取用日期：2020 年 01 月 01 日)

經理人，2019，解雇數百個機器人！全球第一家機器人酒店母集團，為何敢來臺灣設點？（取用日期：2020 年 01 月 01 日）

自由時報，2019，AI 會搶走人類的飯碗嗎？（取用日期：2020 年 01 月 01 日）

維基百科，人型機器人（取用日期：2020 年 01 月 01 日）

每日頭條，2016，臺灣首家無人旅店試營運，無人自動化真能顛覆傳統取代人嗎？（取用日期：2020 年 01 月 01 日）

數位時代，2019，AI 人才養成秘笈（取用日期：2020 年 01 月 01 日）

每日頭條，2016，黑科技！日本有家機器人旅館 住進去感覺怕怕的（取用日期：2020 年 01 月 01 日）

數位時代，2019，智慧旅人的科技日誌（取用日期：2020 年 01 月 01 日）

成為未來 AI 專業人才及學習歷程檔案

臺北市永春高中　葉惠鳳主任

 教材內容

12-1 未來工作在哪裡！

　　根據經理人數位時代電子專欄 2017 年 12 月 20 日報導「AI 將取代你的工作？ Gartner：人工智慧能增加就業機會」，人類結合 AI

工作將成主流，意指不光是重複性高的工作，即使是重複性低、變化較大的低例行性工作，人工智慧也將被充份運用，因為結合人腦與人工智慧的工作效率，優於只聘雇專業人士或只使用人工智慧的工作效率。

中央通訊社於 2020 年 1 月 23 日專電報導，關於經濟合作暨發展組織（Organization for Economic Cooperation Development, OECD）在瑞士達佛斯（Davos）舉行的世界經濟論壇（World Economic Forum）預測未來搶手職業包括數位資料分析師、IT 或大數據專家、軟體研發人員、社群媒體和數位商務分析師。OECD 也指出，年輕人不僅要學習內容，更要瞭解情感技能才能融入未來的專業環境。「新一代社會公民不僅需要學術技能，還得有好奇心、想像力、同情心、企業精神與韌性，以自信和決心創造自己的工作，以新方式管理職業生涯。」

對於未來工作，同學們難免覺得焦慮與緊張，對於所謂的熱門領域、熱門工作，是否要放手一搏去爭取？從生涯規劃角度來看，同學們應積極提升個人的能力、興趣，進行職涯探索與發現，而已發現自己對未來從事 AI 相關領域工作有興趣的同學，可以藉由此章節內容及重點進行更進一步的探尋，包括：職場需求、大學校系的選擇及專業能力的培養，再回歸到目前身為高中職生的你可以努力的方向。因此，我們從目前 AI 在人力市場需求情形談起，瞭解其相關職缺，再從職缺的條件來看身為高中職生的我們在學期間可以如何準備，有哪些網站可以善加運用。

AI（人工智慧）在臺灣的發展趨勢與產業運用情形

根據行政院新聞傳播處於 2019 年 8 月 7 日刊登重要政策「臺灣 AI 行動計畫 - 掌握契機，全面啓動產業 AI 化」一文中提到，以強化臺灣既有的半導體代工服務居全球龍頭，生產數量全球占第一之優勢，加上醫療照護、智慧城市、數位政府服務、智慧製造及精緻農業，打造完整硬體供應鏈，帶領臺灣邁向智慧國家，積極推動五大主軸進展：

一、AI 人才衝刺：

科技部為加速臺灣 AI 人才培育與技術發展，自 2018 年起推動 AI 創新研究中心專案，分別在臺灣大學成立「人工智慧暨全幅健康照護聯合研究中心」、清華大學「人工智慧製造系統研究中心」、交通大學「人工智慧普適研究中心」及成功大學「AI 生技醫療創新研究中心」，研究主題包括：AI 核心技術、智慧製造、智慧服務及生技醫療，從不同技術面向及研究領域開發 AI 核心關鍵技術及深耕智慧應用，並建置大數據資料庫，同時也新增「AI 人社計畫」探討 AI 與人文社會的交互影響情形。

二、AI 領航推動：

為促進晶片半導體產業發展，行政院成立「AI on Chip 示範計畫籌備小組」，與台積電、聯發科等晶片設計與半導體廠商合作及推動「半導體射月計畫」等產學合作計畫，以培育半導體產業所需高階人才。

三、建構國際 AI 創新樞紐：

透過國際級旗艦公司與臺灣本土 AI 產業鏈結，共構臺灣的產業生態系統；如促成 Microsoft 成立「AI 研發中心」組織研發團隊，Google 打造臺灣成為亞洲最大研發基地等。

四、法規與場域開放：

彩紘科技部及所屬國家實驗研究院資源建置自駕車測試場域「臺灣智駕測試實驗室」，並於 2018 年 12 月 19 日公布全球第一套涵蓋陸、海、空的《無人載具科技創新實驗條例》；為打造民生公共物聯網布建水、空、地、災各類感測器。

五、產業 AI 化：

從產業創新實務需求出發，媒合解題團隊與醫療生技、資訊服務、電商廣告、人力資源、監控安全及物聯網等六大產業相關的企業，提出關於 AI 轉型需求方案。

AI 的運用，重點在於有大量的資料可以進行分析、推論及導入解決方案；因此，製造業及醫療產業是臺灣發展 AI 應用的重要領域；例如，根據國家實驗研究院科技政策觀點電子專欄於 2019 年 5 月 28 日「淺析臺灣人工智慧醫療之發展」一文，關於 AI 醫療影像辨識的應用，包括臺大、北榮及北醫等團隊都參與 AI 醫療影像資料庫的演算法開發，具體案例包刮乳房超音波 AI 輔助分類系統、AI 骨齡輔助判讀系統及人工智慧腦瘤自動判讀系統（DeepMets）等。

根據天下雜誌在 2019 年 7 月 25 日「2019 臺灣企業 AI 領先度調查（一）先進者多整合外部資源，超過八成表示 AI 專案符合預期」的電子專欄報導，企業在發展 AI 時重視四大要素，分別是：組織內部達成發展 AI 的共識、AI 人才、AI 的基礎架構及多元分析人才能協

同合作；而在不同產業導入 AI 情形發現，金融業佔比較其它產業高，有超過八成投入 AI 分析，其導入 AI 解決方案的採用方式為「虛擬助理、自然語言處理」；零售業、流通業及服務業也多採用相同的方式，製造業則較常採用「電腦視覺、機器學習模型」方案。以金融業而言，像是「AI 理財機器人」就能以 APP 的形式，讓使用者可以藉由手機或電腦享受專屬的理財服務。

　　對於嚮往 AI 發展並成為專業人才的你，應對於全球化及臺灣 AI 發展趨勢有所瞭解，方能掌握先機。

解密 AI（人工智慧）職缺

　　國際上在討論 AI 的發展和運用重點，主要聚焦在製造業、醫療、金融科技及零售業，因為這些領域有大量的資料可以進行分析及運用；關於 AI 核心領域的人才及需求，人力市場常以職稱及工作內容來分析，提供未來熱門職缺可能包括：資料科學家、演算法開發工程師、機器人工程師、數據分析師、機器視覺工程師、數據工程師、軟體設計工程師等。

（圖 12-1 以大數據為根本發展的職缺名稱）

職稱	工作・職務定義／條件	相關科系／學歷	預估年薪
資料科學家	瞭解統計、資料庫建置、個別領域知識	博士學位	年薪新臺幣 122 萬元
演算法開發工程師	1. 演算法的研究、分析、檢測 2. 修改相關軟體設計、發展新式的演算方法 3. 數學計算流程、規劃程式架構	碩博士學位	年薪新臺幣 88 萬元
機器人工程師	必須具備硬體、軟體知識，通曉機器人各種不同的系統	需具備智慧自動化與機器人相關證照	年薪新臺幣 83 萬元
數據分析師	需針對數據進行蒐集、整理、分析，並依據數據做出評估	數學、統計、電腦科學之相關背景	年薪新臺幣 75 萬元
機器視覺工程師	須結合視覺影像演算法，找出合適演算法後整合軟、硬體系統，進行研究、分析與應用	電子工程、電機工程、資訊相關領域	年薪新臺幣 73 萬元
數據工程師	提供資料分析與規劃方向予資料科學家及數據分析師進行細部分析	資訊、理工相關科系	年薪新臺幣 70 萬元
軟體設計工程師	負責軟體的分析、設計、程式撰寫與維護，並進行軟體的測試與修改，以及控管軟體設計進度	學士，碩士以上為佳	年薪新臺幣 80 萬元

（表 12-1 大數據相關職稱說明）

　　我們可參考圖 12-1 及 表 12-1，以資料科學家而言，其擅長連結資料與商業價值，資料工程師則擅長蒐集及處理資料，以及這些職稱的工作內涵、所需的畢業科系條件及未來薪資情形，

　　除了以上提及的職缺內容外，也鼓勵同學至各大人力銀行網站搜尋 AI 相關工作職缺，接觸更多在臺灣就業市場中與 AI 有關的工作

內容，例如搜尋「人工智慧技術應用工程師」關鍵字，羅列出的工作內容包括：「以現有的人工智慧服務平臺或產品設計解決方案」、「參與畜牧農業之大數據與人工智慧應用之研發」、「物流倉儲相關之人工智慧、機器學習演算法研發與實作」、「應用人工智慧開發多媒體影音軟體」、或是「棋牌類遊戲機器人或其它相關人工智慧演算法的研究」等工作，你會發現人工智慧與各領域之結合與應用相當多元化，經過仔細的尋找定能找到個人有興趣的方向及職業。

目前亦有人力銀行網站發展 AI 模擬面試系統，除了國外企業，臺灣也有科技業公司導入 AI 面試官，做為初步篩選應徵者的工具，主要目的除了希望獲取應徵者履歷資訊外，亦能夠透過 AI 面試官大量自動判讀應徵者的性格及特徵以建立評鑑工具。

12-2 全球 AI 熱！要讀什麼專業？

AI 的基礎知識涉及眾多專業領域，就學群而言，與資訊學群、工程學群最相關；就學院來看，與工程學院、電機學院及資訊學院最相關，就科系而言，資工、資科、資管、統計、電機、機械與物理等科系的未來發展，與 AI 核心領域技術關聯度最高。CHEERS 快樂工作人雜誌在 2016 年 9 月 21 日「校長給問」訪問元智大學吳志揚校長內容中就提到，在物聯網和大數據時代，就讀哪些相關科系對未來發展較好？具備資訊專長及興趣的同學，或許可考慮投入程式語言資訊、統計數學及財務金融專業。

想加入 AI 領域的同學們，我們亦可思考從 AI 的學習路徑來選

擇校系，學習路徑可區分為算法方向及機械傳動兩個方向。算法方向包括：機器學習、人工神經網絡及智能計算等，可以理解為機器人的大腦系統，需要大量運用到程式設計相關知能，未來可選擇的科系例如數學系、統計系、計算機科學系及生物資訊學系。而機械傳動方向，可以選擇電子工程系及自動控制系。

根據 1111 人力銀行針對大學 18 學群未來就業發展分析就業薪資與畢業生投入職場比率觀察結果發現：投入職場比率和薪資都較高的，有「醫藥衛生學群」、「教育學群」、「工程學群」及「財經學群」；就學群加薪速度分析發現成長速度最快依序為，醫藥衛生學群、工程學群及數理化學群。

同學是否會擔心，如果我在大學或研究所唸的不是資訊及電機電子等相關領域科系，是否就沒有機會接觸 AI 產業，甚至成為 AI 頂尖人才呢？就產業界來說，即使是不懂得程式設計或演算法的素人，如果能夠培養洞悉大數據背後意義的能力，懂得讓 AI 為自己工作，也就是善用 AI 與 AI 協同合作，更甚而協助優化 AI，那麼專業背景是學習藝術或心理學等人文領域的素人，也能透過進入業界後再學習 AI 核心知識的方式，投身 AI 領域發展，所以，就算是選讀社會組但對 AI 有極大興趣的同學，也可以把握機會裝備自己，成為 AI 應用專業人才。

各大學 AI 相關系所或學程

因應人工智慧領域對人才的需求，原本就設有資訊科學、資訊工程或電機學院的大學校系，可能會在原有課程中進一步規劃與 AI 相

大學名稱	系所、學程名稱	發展及特色內容
臺北醫學大學	人工智慧醫療碩士在職專班	
國立成功大學	人工智慧科技碩士學位學程 人工智慧與資訊學系碩士在職專班	支援系所：工程科學、資訊管理、電機工程、資訊工程、生物科技與產業科學系
國立交通大學	人工智慧技術與應用碩士學位學程	
中信金融管理學院	人工智慧學系（AI 系）	課程目標以人工智慧、區塊鏈、雲端運算與大數據等四大方向為主軸
中臺科技大學	人工智慧健康管理系	失智症老人協助、配藥機器人
聖約翰科技大學	人工智慧應用學士學位學程	綠能、智慧、健康跨領域應用
大華科技大學	智慧製造工程系、智慧車輛與能源系	汽車零件廠產業結合
華夏科技大學	智慧車輛系	電動車的維修人員
崑山科技大學	智慧機器人工程系 (原電腦與通訊系改名)	培養未來工業 4.0 專業人才（雙臂機器人及企業實習）

（表 12-2 各大學校系增設 AI 系所一覽表）

關的選修課程來因應同學修課需求；然而，近兩年來亦有大學針對 AI 領域增設對 AI 領域增設相關系所或學程，以正式獨立設系的方式來培養高等教育人才；我們將目前所瞭解的校系開設情形整理如表 12-2 供同學們參考，但同學們仍需注意並分析各大學相關系所對於課程內容的開設及校系重點走向，以尋找符合個人興趣與能力的校系就讀。

以一般大學來看，包括國立成功大學、交通大學、臺北醫學大學及中信金融管理學院皆有開設 AI 相關系所或學程。其中成功大學開設「人工智慧科技碩士學位學程」，電機資訊學院資訊工程學系增設「人工智慧與資訊學系碩士在職專班」，皆是考量現職人力需求而設置。

以科技大學來看，包括中臺科技大學、聖約翰科技大學、大華科技大學、華夏科技大學及崑山科技大學等開設相關系所或學程。

中臺科技大學設置人工智慧健康管理系，目標在於培育能將 AI 技術導入健康產業和醫療院所的人才；聖約翰科技大學開設「人工智慧應用學士學位學程」，培育「綠能、智慧、健康」跨領域應用的國際化 AI 人才；大華科技大學開設「智慧製造工程系」及「智慧車輛與能源系」、華夏科技大學開設智慧車輛系及崑山科技大學智慧機器人工程系，皆強調讓學生於就學期間即可進行產學合作並提昇未來就業競爭力與實力。

成為 AI 不可取代的人才

　　以 AI 為基礎結合至金融、醫藥及智慧製造領域等，都是將來可選擇的學習目標及工作領域；像是觀光學系運用「虛擬實境」營造智慧旅遊，透過手機及電腦等科技載具，讓旅客可以隨時更新景點資訊，並將訂位、訂房及旅遊行程進一步電子化。而管理學院或商學院則可擅用資料庫分析以創造更好的利潤。

　　李開復先生在與臺灣大學畢業生分享 AI 及未來工作時提到，職場的機會在於創新和發明前所未有的技術，這不只是避免被 AI 取代，而是要做 AI 做不了的事！以律師工作為例，AI 可以處理重複性和簡單的工作，例如：搜集資料、篩選證據甚至是梳理辯證邏輯，但頂尖律師的口才、審問證人的犀利能力，這都是 AI 無法取代的。另外，藝術與文化創作者美感與創意，AI 也無法取而代之；因此，對於社會組的學生而言，若能對於人生意義持續追尋，發揮人文關懷精神，選定某個領域並勤下苦工，為個人設定積極且嚴格的學習目標，就能成為 AI 無法取代的專業人才。

12-3 高中階段的你如何準備

　　就人力銀行針對資料工程師、資料科學家、資料分析師等職缺進行徵才者的條件及背景分析發現，其專業皆主要以理工科系為主，像是資訊工程學類、資訊管理學類、數理統計學類等居多；但也有像是企業管理學類、財務金融學類等人才。

　　本節的重點在於讓高中同學瞭解在十八學群中，有哪些學群與學類是和 AI 領域有關的，而這些學群及學類的學習重點是什麼：在現行高中課程，像是部定必修及加深加廣選修課程中，可以如何選擇與 AI 領域相關的課程內容進行修習；我們參考並整理「大學選才與高中育才系統」及「大學問」兩個網站資訊，整理七個相關性最高的學群學類進行重點摘要提供同學參考；但各大學校系近年勢必將針對 AI 發展進行課程增設與規劃，因此，同學們仍需定期瀏覽大學校系網站以隨時掌握校系及課程發展資訊。

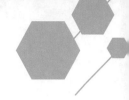

資訊學群之資訊工程學類與 AI

你要知道學什麼？

　　資訊工程學類修習重點在於研究、學習使用各類資訊相關理論及知識來培養個人解決問題並具備跨領域整合應用的能力；包括如何有效的控制、管理各式運算平臺（如電腦，手機，伺服器，物聯網裝置）上的資源（ 如 CPU、記憶體、儲存媒體）， 讓運算平臺的資源能被有效與安全地使用，並讓人們可以很方便地使用這些運算平臺。

　　學習內容包括程式設計、演算法、計算機概論、微積分，線性代數、機率與統計、資料庫、網路、人工智慧、影像處理、電腦繪圖、密碼學、資訊安全與資料處理等領域。

檢視你的修課紀錄！

　　以下呈現的部定必修及加深加廣課程是以學類內各系重視科目之前五名來進行排序，排序愈前面表示校系重視度愈高，請同學參考並查看個人是否已修習這些課程或預備選修這些課程。

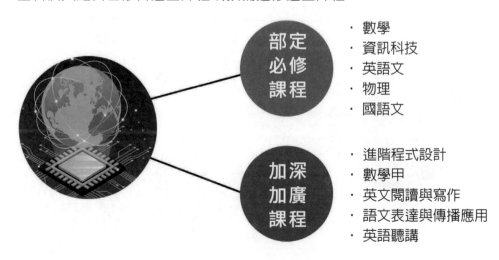

部定必修課程
- 數學
- 資訊科技
- 英語文
- 物理
- 國語文

加深加廣課程
- 進階程式設計
- 數學甲
- 英文閱讀與寫作
- 語文表達與傳播應用
- 英語聽講

資訊學群之電機工程學類與 AI

你要知道學什麼？

凡是與「電」有關的運用皆為相關領域，包括電子、電力、資訊、通訊、控制、電信、半導體、光電、醫學工程等，並結合數學理論以實現生活所需裝置而發展的科學工程，是將「電力」應用於發展或驅動各類元件與裝置來改善人類生活的應用科學。

學習內容包括：普通物理、微積分、程式設計電路學、電子學、電磁學、工程數學及各種電工實驗，各大學亦會依據其專業發展方向規劃不同專業的必選修課程。

檢視你的修課紀錄！

以下呈現的部定必修及加深加廣課程是以學類內各系重視科目之前五名來進行排序，排序愈前面表示校系重視度愈高，請同學參考並查看個人是否已修習這些課程或預備選修這些課程。

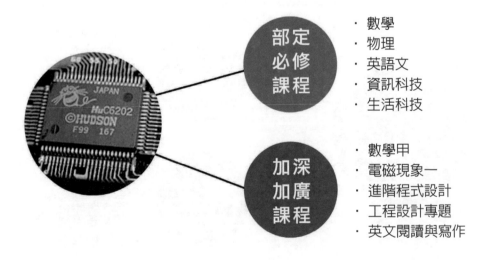

部定
必修
課程
· 數學
· 物理
· 英語文
· 資訊科技
· 生活科技

加深
加廣
課程
· 數學甲
· 電磁現象一
· 進階程式設計
· 工程設計專題
· 英文閱讀與寫作

資訊學群之電子工程學類與 AI

在課程設計上採基礎與理論兼具，除了基礎實驗課外亦包括實務實習課程；藉由控制半導體內部的電子行為，再組合成積體電路，配合軟硬體程式語言及演算法，進而發展出具記憶、運算、通訊或網路功能之智慧系統。

學習內容包括半導體元件、積體電路設計、通訊與信號處理、電腦系統架構與網路技術等領域。

檢視你的修課紀錄！

以下呈現的部定必修及加深加廣課程是以學類內各系重視科目之前五名來進行排序，排序愈前面表示校系重視度愈高，請同學參考並查看個人是否已修習這些課程或預備選修這些課程。

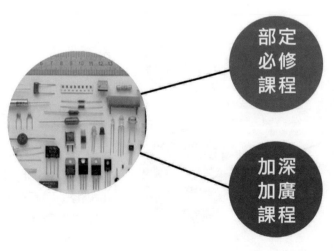

部定
必修
課程

· 物理
· 數學
· 英語文
· 資訊科技
· 國語文

加深
加廣
課程

· 數學甲
· 語文表達與傳播應用
· 電磁現象一
· 電磁現象二與量子現象
· 工程設計專題

你要知道學什麼？

　　融合資訊科技以及商業管理的跨領域學科，強調將資訊科技（程式設計、網路管理、資料庫等）整合應用於各領域；亦將社群企業、巨量資料、雲端計算等納入資訊管理學系的專業課程中。

　　學習內容包含數學、管理、經濟與統計、程式設計、資料庫、電腦網路、資料科學（人工智慧與機器學習）、雲端服務（雲端運算）、電子商務、大數據分析、金融科技（數位金融）與網路行銷等領域。

檢視你的修課紀錄！

　　以下呈現的部定必修及加深加廣課程是以學類內各系重視科目之前五名來進行排序，排序愈前面表示校系重視度愈高，請同學參考並查看個人是否已修習這些課程或預備選修這些課程。

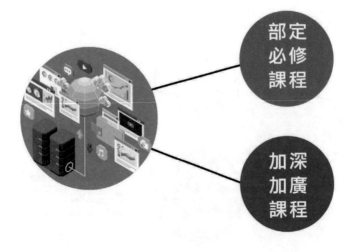

部定必修課程
· 資訊科技
· 數學
· 英語文
· 國語文
· 生活科技

加深加廣課程
· 進階程式設計
· 數學乙
· 語文表達與傳播應用
· 英文閱讀與寫作
· 科技應用專題

工程學群之機械工程學類

你要知道學什麼？

　　學習機械運作的基礎原理與分析能力；包含設計製造、熱流能源、自動控制等三大領域。像是汽車、航太載具、船舶、3C 產品、半導體、機器設備、機器人、微機電系統，甚至奈米工程、生醫與醫學工程等都可列入這個範疇。

　　機械工程可以學到如何利用機械來改善人類的生活，例如 3C 產品、汽機車工業、航太工業、造船工業、機械手臂、自駕車、工業 4.0、物聯網、穿戴式裝置之研發、設計、生產、品管、銷售等。

檢視你的修課紀錄！

　　以下呈現的部定必修及加深加廣課程是以學類內各系重視科目之前五名來進行排序，排序愈前面表示校系重視度愈高，請同學參考並查看個人是否已修習這些課程或預備選修這些課程。

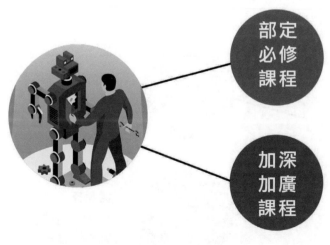

部定必修課程

· 物理
· 數學
· 英語文
· 資訊科技
· 國語文

加深加廣課程

· 數學甲
· 力學一
· 力學二與熱學
· 英文閱讀與寫作
· 語文表達與傳播應用

生命科學學群之生醫工程學類與 AI

你要知道學什麼？

融合「生物醫學」及「工程科學」之跨領域整合性學科，致力於研究人體與工程科學間的關聯性，涵蓋醫學電子、醫學資訊、醫學影像、生物力學及生醫材料五大領域；以智慧化控制的治療工具與照護系統為未來發趨勢，將各方資訊做系統整合，準確且快速的分析出生理訊號及人體變化，協助臨床醫生做出更準確的判斷與治療，提升醫療的效率及品質。

學習內容包含微積分、物理、化學等，以及與「生物醫學」相關的，如生物、生理、人體解剖等。

檢視你的修課紀錄！

以下呈現的部定必修及加深加廣課程是以學類內各系重視科目之前五名來進行排序，排序愈前面表示校系重視度愈高，請同學參考並查看個人是否已修習這些課程或預備選修這些課程。

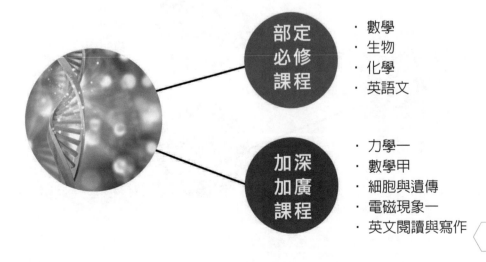

部定
必修
課程

・數學
・生物
・化學
・英語文

加深
加廣
課程

・力學一
・數學甲
・細胞與遺傳
・電磁現象一
・英文閱讀與寫作

數理化學群之數學學類與 AI

你要知道學什麼？

　　以符號語言，透過抽象化和邏輯推理來研究數量、結構、變化及空間等概念的一門領域學科，學習內容以微分方程、微分幾何、應用數學、代數與數論、機率統計、分析為主，亦需搭配撰寫程式語言與電腦輔助計算之課程，兼顧理論與實務運用。

檢視你的修課紀錄！

　　以下呈現的部定必修及加深加廣課程是以學類內各系重視科目之前五名來進行排序，排序愈前面表示校系重視度愈高，請同學參考並查看個人是否已修習這些課程或預備選修這些課程。

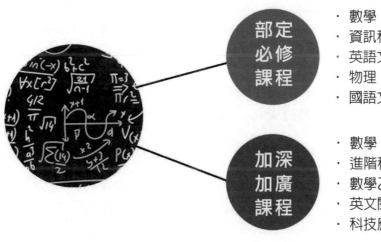

部定必修課程
- 數學
- 資訊科技
- 英語文
- 物理
- 國語文

加深加廣課程
- 數學
- 進階程式設計
- 數學乙
- 英文閱讀與寫作
- 科技應用專題

建議參閱的網站

 三、104 工作世界之
升學就業地圖

 一、大學選才與高中
育才輔助系統

 四、104 職務大百科

 二、大學問

 五、1111 A.I. 模擬面試系統

12-4 掌握重點科目・運用多方資源・充實學習歷程

　　同學們是否發現，針對這七個學類的課程進行交叉分析後，我們再次確認，在學習課程方面，除了與 AI 息息相關的重點科目，像是數學、物理、資訊科技等外，英文及國語文的重要性也不可忽視。人工智慧的開發仍需依靠人類智慧，對於 AI 訓練課程，有許多線上平臺都有提供相關課程或訓練，同學亦可以利用這些平臺進行 AI 專業的精進，若取得相關證明也能豐富個人學習歷程檔案，非常有利於往後申請志願校系。

　　我們更期許，除了 AI 的核心技術外，同學們能學到如何運用智慧的語言，實踐更貼近人心的服務，運用 AI 提昇人類生活品質及便利性。

AI 人工智慧學習的六大歷程

　　綜合教育部 108 資訊科技課綱、美國 CSTA K12 電腦科學學習架構及美國 AAAI 人工智慧推動協會的建議，AI 人工智慧的全面性學習應包含六大歷程，分別是：運算思維（Compute Thinking）、電腦感知（Perception）、 表示法與推理（Representation and

Reasoning）、機器學習、人機互動（Natural Interaction）及社會影響（Social Impact）， 以下引註臺灣 AI 學習資源與課程平臺 AI4Kids 團隊對於高中職學生，提出此六大歷程的學習內容建議：

一、運算思維

（一）學習基本程式撰寫，使用資料結構，例如：陣列 (array)、鏈結串列 (linked list)、堆疊 (stack)、佇列 (queue)、圖 (graph)、雜湊表 (hash table) 等。

（二）閱讀程式碼，並試著解釋其功能與預計的效果。

（三）學習數據資料的蒐集以及應用，選擇適當的數據集進行實驗測驗模組。

二、電腦感知

（一）描述不同形式的電腦感知其背景知識

（二）認知語音辨識在處理同音字及口音的困難與潛在偏見

三、表示法與推理

（一）繪製決策樹

（二）描述不同搜尋引擎的演算法的差異

四、機器學習

（一）利用 TensorFlow 等開源軟體，訓練一個三層的類神經網路

（二）實驗及理解簡單的機器學習演算法

五、人機互動

（一）認識人工智慧文字辨識如何處理偏見。

（二）體驗 Google 知識圖譜 the Google Knowledge Graph 系統。

（三）討論人工智慧問題及人工智慧是否有意識。

六、社會影響

（一）探索人工智慧系統帶來的正面和負面影響。

（二）設計一個人工智慧系統來說明社會問題（或說明如何使用人工智慧來解決社會問題。）

　　同學可以上述參考說明規劃符合自己的學習歷程，至於其課程內容則可以依據前小節所述在部定必修與多元選修課程中修課。

12-5 AI 人工智慧學習歷程

　　教育部國民及學前教育署建置的「高級中等教育階段學生學習歷程資料庫」，其目的在於針對同學們各項學習成果及多元表現進行完整的資料收整。蒐集的資料共包括四大項目：同學的基本資料、修課紀錄、課程學習成果及多元表現；其中以修課紀錄、學習成果及多元表現呈現出同學對於學習興趣、表現及成果展現。對於未來想從事 AI 相關領域的同學，務必先做好對於升大學藍圖的規劃，所謂的學習歷程其實就是自己學習的軌跡，學習歷程注重的是自己學習的「反思」，也就是說明自己如何規劃學習，要串接歷程檔案，說出一個真實且與大學串接的故事。

　　因此在平時課堂中反要注意，自己如何學會學科概念和知識，並在活動中審視自己學到了什麼能力？活動前後有什麼差異？才能寫出

歷程反思，展現個人獨特。

那麼同學應該如何準備 AI 學習歷程檔案呢？ 以下讓我們簡單說明清楚！

其實只需要掌握「課程學習成果」以及「多元表現」兩大項學習資料，即可輕鬆建構自己的 AI 學習歷程藍圖囉！為了建構自己的學習歷程檔案，首先務必跟著學校課程（相關部定必修與多元選修等）進度，完成考試、作業與報告，在學校規定時間內將作業、報告或其他學習成果作品上傳，並經教師認證後再進行勾選即可。重點在於，務必要將自己積極探索興趣和志向的企圖心，轉化為修課行動和成果展現，才能逐步累積自己的學習歷程。

以下是對於 AI 學習歷程檔案撰寫的建議：

1. ▶課程作業應該更重視自己對於學習的反思

如果你要展現對於未來學習與發展 AI 的鴻圖大志，那麼千萬不能只記得單純的作業或活動內容，例如：你的作業是關於數學科「因式定理與倍式」的證明作業或例題，那麼你更應該找尋此內容與 AI 的連結性並寫出自己的觀點、發現或應用，例如可以「輾轉相除法程序」來敘述此為世界上第一個 AI 相關演算方法，並將其寫成數學證明和程式語言做對應，如此你的這份作業必定與別人與眾不同，並表現出獨到觀點及前瞻性。

2. ▶活動的照片務必變成一副動人的故事

如果你的學習歷程檔案，呈現的是你參加某一次的營隊、演講、

服務等照片，那麼務必要讓它變成一個動人的故事，例如：（1）營隊活動前：你是對於此營隊主軸的事先掌握，像是知道營隊的學習目標、主辦單位過去的實績，你為何要參加此營隊。（2）營隊活動中：營隊課程的相關內容、講師資歷、課程學習筆記或摘要等。（3）營隊活動後：對於此營隊學習到的知識與能力、活動的反思與給自己未來學習的期許等。有了這些說明，充分呈現你對參加活動後的收穫，也展現你對於自己未來抱持充分準備的企圖心。

3. 歷程檔案更應該像是一份跨領域 π 型人的自傳

　　如果你的目標是在未來從事 AI 相關領域工作，那麼現在起，你的歷程檔案不應該只有單一學科的論點與論述，而是具備跨學科、跨領域的內涵，例如：你要完成一份「某某歌星歌曲為何深受新世代青少年歡迎」的音樂報告，除從歌詞內涵、曲調旋律去探討論述，建議加入更多跨學科知識的內涵，你可以從歌詞平仄對稱（國文科）、歌曲曲調與十二平均律的關聯和計算（數學科），甚至將歌曲風格輸入「Alice」等 AI 作曲軟體，或是進入 Experiments with Google 尋找相關的 API 等，也可以研讀像 Spotify、Apple Music 等流媒體音樂平臺，其利用 AI 來預測用戶歌曲偏好的文章，加以整理並且歸納出自己對於此次報告的結論。

　　總之，在歷程檔案中呈現自己對於基礎知識的充實，能融會精通第一學科且貫通不同學科的知識和能力，並且能透過反思精煉自己思考觀點，讓別人理解你對於未來的價值，若能做到這些，那麼相信你必定能駕馭 AI、掌握未來 AI 的精隨。

測驗

選擇題

1. _____ 在國際上針對 AI 討論關於其發展及運用重點在哪些領域？
A. 製造業　B. 醫療業　C. 金融業　D. 零售業　E. 以上皆是

2. _____ 關於 AI 職缺的描述，何者正確？
A. AI 核心領域的人才包括：資料科學家、演算法開發工程師、機器人工程師等
B. 資料科學家擅長連結資料與商業價值；資料工程師擅長蒐集及處理資料
C. 要成為機器人工程師需具備智慧自動化與機器人相關證照
D. 要成為數據分析師需要數學、統計、電腦科學之相關學習背景
E. 以上描述皆正確

3. _____ 就人力銀行針對 AI 相關職缺進行徵才者的條件及背景分析發現，不包括下列哪個學類？
A. 資訊工程學類　B. 數理統計學類　C. 財務金融學類
D. 傳播設計學類　F. 企業管理學類

4. _____ 如果未來想要就讀資訊工程學類的相關校系以成為 AI 專業人才，在高中 階段的你該修習哪些加深加廣的課程？（1）數學甲（2）數學乙 （3）英文閱讀與寫作（4）進階程式設計（5）物理
A.（1）（2）（3）　B.（1）（3）（4）　C.（2）（3）（4）
D.（3）（4）（5）　E.（1）（4）（5）

5. _____ 關於人工智慧學習的歷程，下列何者不包括在內？
A. 運算思維　B. 電腦感知　C. 系統分析
D. 人機互動　E. 社會影響

6. ＿＿ 針對 AI 與學習歷程準備的建議之描述何者正確？
   A. 放上大量參與活動的證明
   B. 放上大量解題之作業或講義
   C. 強調作業內容與 AI 的連結性
   D. 放上多項證照紀錄
   E. 強調優異的成績表現

⚙ 延伸思考

1. 請同學以 12-3 高中階段的你如何準備為主題，從本章節內容中提出與 AI 最相關的學類中任選一個，並針對該學類運用「大學選才與高中育才系統」網站進行「對應校系」的查詢；請進一步分析本校系核心課程地圖，請列出該校系與 AI 發展的相關必選修課程有哪些，其未來又有哪些行業可選擇？

2. 請同學依照個人在「學習成果」或「多元表現」相關資料與經歷，擇一作業或活動結合 AI 發展趨勢，進行 800 字的個人觀點及優勢分析（可附上圖片或照片佐證）。

參考資料

唐雅陵（民 109 年 1 月 23 日）。年輕人夢想工作 - 未來可能不存在。中央通訊社。

簡立欣（民 107 年 7 月 11 日）。AI 設系？台師：資工、資科可涵蓋。中時電子報。

1111 人力銀行職場數據專文（民國 105 年發表）。學生照過來！大學 18 學群就業發展分析。

大學問（民 107 年 6 月 29 日）。高中生選志願擁抱 AI、大數據熱門科系 5 大趨勢。聯合新聞網。

孫弘岳（民 108 年 3 月 5 日）。AI 面試官看穿你的心。聯合新聞網。

1111 人力銀行數據焦點專文（民 107 年發表）。大數據正在臺灣起步，要什麼背景才能進入此一領域？1111 人力銀行專欄。

TIMEZONE 教育專欄（民 106 年 2 月 23 日）。想加入人工智慧領域，應該讀什麼專業？每日頭條。

張庭瑜（民 106 年 12 月 20 日）。AI 將取代你的工作？Gartner：人工智慧能增加就業機會！經理人電子專欄。

天下雜誌整合傳播部企劃（民 108 年 7 月 25 日）。【2019 臺灣企業 AI 領先度調查（一）】先進者多整合外部資源，超過 8 成表示 AI 專案符合預期。天下雜誌。

行政院新聞傳播處重要政策專文（民 108 年 8 月 7 日）。臺灣 AI 行動計畫 - 掌握契機，全面啓動產業 AI 化。

呂宜瑾（民 108 年 5 月 28 日）。淺析臺灣人工智慧醫療之發展。科技政策觀點。

大學選才與高中育才輔助系統網站

余孝先（民 108 年 11 月 3 日）。臺灣 AI 發展趨勢與優勢。工商時報。

大學問網站

吳碧娥（民 108 年 3 月 28 日）。從 AI 三大趨勢看臺灣廠商的發展策略。聯合新聞網電子報。

單元十三

人工智慧的倫理決策樹

臺北市南湖高中 陳泓曄老師

> 前言

　　讓人工智慧更智慧是科技未來發展方向，隨著搜尋演算法與資料探勘的突破，機器學習的發展更是銳不可擋，但新技術的誕生也將面臨倫理規範問題，要讓人工智慧具有是非善惡的判斷基準，就必須讓他們有「道德」的意識，但人工智慧開發人員要如何保證他們創造出來的東西，能夠遵守人類的道德和行為規範？發展多重決策模組更是不容忽視的技術之一。前愛沙尼亞總理，歐盟委員會副主席安德魯斯·安西 (Andrus Ansip) 曾說：「人工智慧的倫理並不是一個奢侈特徵或附加功能。只有有了信任，我們的社會才能充分受益於技術，有道德的人工智慧是一個雙贏的主張，以人為中心的人工智慧，讓人們可以信任。」因此，發展人工智慧所帶來的倫理道德問題以及法律問題，都必須嚴謹來面對。

　　1973 年日本早稻田大學教授加藤一郎，創造世界第一個人形機器人 WABOT-1，搭載著機械手腳、人工視覺及聽覺裝置，擁有擬人化的外型。2001 年美國麻省理工學院研發了號稱世界上第一個有類似人類感情的機器人。先仿真接著再仿生，人們希望 AI 能讓機器人具有自由意識。2019 年全球知名科技評論期刊《麻省理工學院技術評論》發布全球十大突破性技術，裡頭就提到靈巧機器人，可流利對話的人工智慧助手也列入其中。人類既渴望與機器人協作，也害怕機器人大舉入侵可能帶來的傷害。提到機器人就不得不提一下 1942 年，科幻作家艾西莫夫在《I, Robots》這本書中制定『機器人三大法則』，作為人類世界與機器人的倫理守則。1985 年在《Robots and Empire》機器人與帝國這本書，艾西莫夫將三大法則擴張為四大法則：『第零法則，機器人不得傷害整體人類，或坐視整體人類受到傷害；第一法則，除非違背第零法則，否則機器人不得傷害人類，或坐視人類受到傷害；第二法則，除非違背第零或第一法則，否則機器人必須服從人類命令；第三法則，除非違背第零、第一或第二法則，否則機器人必須保護自己。』在原先的三大法則前多了一條第零法則，用來維護社會秩序，處理當機器人和人類群體的生存出現衝突時，機器人需要以人類群體的利益為重。2019 年，Google 成立先進技術外部諮詢委員會，討論 AI 技術規範、倫理道德規範和隱私政策規範；同年，歐盟也發佈人工智慧道德準則，建立 AI 系統的究責機制、確立 AI 演算法安全可靠、確保資訊安全性與正確性，更保障 AI 發展不侵犯人類自主性與自由。隨著 AI 人工智慧進化，要如何將人類世界的『倫理道德』寫進演算法中呢？強人工智慧的機器人，讓機器人發展自主意識，未來是否會和人類產生更多衝突和矛盾？

13-1 事例來學倫理道德

　　「父子騎驢，倒為驢騎」是個有名的寓言，「有對父子牽著一頭驢要進城，路人指指點點：『怎麼有頭驢也不知道騎？』於是爸爸牽驢，兒子騎驢。路人一看，皺起眉頭：『這個兒子怎麼這麼不孝順？』父子倆趕快交換位置，爸爸騎驢，兒子牽驢。路人一看，交頭接耳：『這個爸爸怎麼這麼不愛護小朋友？』於是父子一起騎上驢。路人一看，大驚失色：『這兩人怎麼這樣虐待動物？』父子兩人無計可施，只好合力把驢子扛進城門。」不過就是騎個驢，何必因為旁人的意見，搞到人驢顛倒，左右為難。若將故事的寓意轉換成現代智慧，當初為什麼『需要這頭驢』，自身立意清楚最重要。倫理學又稱道德哲學，用哲學的方式思考道德，也是一門做人的學問，所以每個人都需要懂一點倫理學。「倫理道德」是人類情感世界中最自然也最高貴的情感，默默規定並指導著我們每一個人的行為，簡單來說，倫理道德就是「價值觀」，當面臨抉擇或新技術產生改變生活時，社會勢必將面臨價值觀的衝擊，以下就從幾個經典例子來反思我們的道德標準：

電車兩難─1 Vs 5

　　有軌電車難題（Trolley problem，1967），由英國哲學家菲利帕·福特（Philippa Foot）提出。內容如下敘述：『假設你看到一輛煞車壞了的有軌電車，即將撞上前方軌道上的五個人，而旁邊的備用軌道上只有一個人，如果你什麼都不做，五個人會被撞死。你手邊有一個按鈕，按下按鈕，車會駛入備用軌道，只撞死一個人。你是否應該犧牲這一個人的生命而拯救另外五個人？』後來還發展出幾種不同的情境，可能是人數上變多，或人群中有你認識的人，改變條件來測試

你的選擇動機，或是把改變軌道改成按按鈕，但題目情境不變。

　　我想大多數的人，都會選擇按鈕，犧牲一人來拯救五人，原因是這樣可以將傷害降至最低，似乎天經地義。但為了多數人的利益來犧牲無辜的少數人就是符合道德嗎？少數人存在的價值就相對薄弱了嗎？人存在的價值可以像「數字 1 小於數字 5」被量化嗎？那可不可以不要作選擇？因為電車一開始的煞車故障並非「我」造成的，所以電車直接撞上那五個人，「我」應該不用負責任，因為如果是「我」將電車轉向而撞死另一個人，這是「我」主動造成的行為，那麼「我」就有殺人的責任了。不管怎麼做，總有人傷亡，但有沒有人去思考過，這個電車實驗的假設合理嗎？我們一直被設限在情境中，只有按或不按兩個選擇，抑或為了不產生傷亡，就乾脆終止「電車服務」的交通選項。換你思考一下：「該按鈕嗎？還是什麼都不做？就像電影『搶救雷恩大兵』的一句台詞，為了救雷恩一人而犧牲八個人，值得嗎？」

連體嬰生命取捨─Jodie 與 Mary

　　有一對父母生下了臀部相連的女嬰 Jodie 和 Mary(非本名)。Jodie 的腦部、心臟和肺部發育正常，連體姐妹 Mary 不僅腦部發育不完整，心肺也在出生不久後喪失正常功能。由於她們擁有共同的主動脈，Jodie 的心臟為姐妹倆提供支撐生命的動力，但是長此以往 Jodie 的心臟將在 6 個月內衰竭，兩人將雙雙死去，醫學上的解釋就是，Mary「寄生」在 Jodie 身上，如果不儘快將她們分離，兩人都無法存活；但是一旦分離，Mary 將被犧牲，但至少可以拯救Jodie 的生命。這對父母是虔誠的天主教徒，他們無法認同醫生「為救活一個孩子，另一個必須死去」的建議，因此他們放棄進行手術；

但醫生們認為與其讓兩個孩子都死去，不如至少挽回其中一個人的生命。父母及醫院彼此僵持不下，醫院最終採取法律途徑，把這起案件交給法院，希望能尋求法律的權威強制實施分離手術以挽救生命。經過訴訟後，法庭裁決應該為雙胞胎施行手術，最終手術在 2000 年 11 月進行，結果也與醫生評估生存機率的結果一致，只有 Jodie 活下來。

可能會有人認為決定這件事並沒有很困難，尊重她們父母的抉擇就好，但事實上，只因連體嬰父母的決定和醫生們的專業與醫療倫理相左，為了「誰來決定分離手術能否進行」，就交給法官來根據事證進行判決，難道經由現實評估與法條論證而造成的死亡，就是「正確抉擇」嗎？換你思考一下：「誰有權利決定是否該進行這項切割手術？什麼是最好的決定？應該進行這項手術嗎？」

複製科學的衝擊

1950 年代，曾有胚胎學家成功複製脊椎動物青蛙。1960 年代複製技術與基因工程更上一層，科學家和政策制定者開始關心複製技術的前景以及可能帶來的衝擊。曾轟動一時的複製羊桃莉 (Dolly) 1996 年 7 月誕生，2003 年 2 月死亡。2002 年 12 月傳言全世界第一個複製人已在美國經由剖腹誕生，但因「健康理由」，複製女嬰和她的母親都沒有出席記者會，也使這對母女是否存在真假存疑。

複製人類，象徵人類歷史準備向『無性人類前進』，不一定要經由一男一女結合，卻可利用基因複製人類，使「人」成為可以透過設計誕生的科學產物，自此之後，基因工程更是不斷地進化，人們也成

功複製出羊、鼠、牛、豬、貓及猴子等動物。2018 年， 爭議性中國大陸科學家賀建奎宣告「造出」世界首例基因編輯的嬰兒，他表示研究團隊針對嬰兒生殖細胞核中一個基因（CCR5）進行了編輯修改，使得嬰兒可能先天具有抵抗愛滋病的免疫力。

　　複製技術的立意都很良善，可以解決糧食危機、解決生育問題、減緩人口老化問題、預防醫學上的基因遺傳問題、解決器官移植問題、複製優秀人才、拯救弱勢族群或瀕臨滅種的動物等等，複製技術似乎可以為人類帶來幸福。但在 2005 年科幻片《絕地再生》(The Island) 描述一群複製人 (clone) 生活在一個與世隔絕的淨土，透過抽獎的方式爭取機會前往神秘島 (外面)，但是卻不知自己身為複製人悲慘的命運，就是為島外複製人本體提供備用器官。21 世紀，為避免生物科學技術與商業利益之間的關係衝擊道德倫理，目前已有 70 多個國家禁止複製人。複製技術也可能帶來負面的社會問題，如侵犯人性尊嚴和獨特性、未來科學的不確定性、胚胎生命的尊重權、違反自然法則、破壞家庭與社會結構、減少基因多樣性、造成社會階級混亂或有心人士的不正當使用，複製生命讓人類「扮演創造者的角色」，把複製生物當成是一個「生命」或是「產品」，其衍生出來的問題，你又是怎麼想呢？ 1978 年英國第一個透過試管嬰兒技術誕生的嬰兒，也被視為違反自然的生殖方式，但如今體外受精的生殖方式，卻是許多不孕伴侶的其中一項選擇。

13-2 資訊科技與倫理道德

　　從上面三個事例當中，相信大家開始能體會倫理道德的存在性與重要性，它不一定會提供客觀的標準答案，但卻會讓我們不斷地思辨，思辨的過程也會開始凝聚出相對具體的價值觀。臺灣大學哲學系教授苑舉正歸納探討倫理道德，大致可分成三個部分：「1. 如何確認道德信念是正確的，這是外在的道德標準；2. 面對一個道德情境時，人如何做出決定，這是內在的道德理性；3. 如何擁有一個美好的生命，這是內外結合的整體生命。」當人類開始有是非判斷的能力時，就已經開始有思考倫理道德的能力。面對道德抉擇時，一般有三種道德理論：「1. 效益論：為多數人追求最大利益，將複雜的倫理問題簡化為量化的計量問題；2. 義務論：關心的是行為的動機與應盡的義務，正確的行為在於遵守道德原則；3. 德行論：關心的是人應該成為什麼樣的人，認為人只要具備德行，自然能做出正確的道德判斷。」所以，倫理道德就是一種社會秩序的規範與管理，也算是一種約束關係。隨著資訊科技越來越發達，社會的發展與組成結構也不再單純，在瞬息萬變的虛擬網路世界，要維持社會秩序的力量，除了靠道德倫理系統，還有賴明確的制定法律條文，保障人類基本的權益。往下我們繼續來討論：

倫理、道德、法律三者關係

　　「一機在手、天下我有」，智慧型手機的時代，有些人容易沉迷線上遊戲，迷失虛幻網路世界，與現實社會脫軌，荒廢課業與工作，另虛擬貨幣交易、網路詐騙與情色交易等網路安全隱患，也造成許多新的社會問題，這些光靠倫理道德的規範是不夠的，這時，國家就得制定一套法律規範，給予人們基本框架來遵守與保護，一旦做出違法

的事情，如未經同意使用個人資料、盜用他人智慧財產、未經證實散布假消息、轉載轉貼轉寄或誇大其辭的網路霸凌等，就得負法律責任。

　　根據美國道德哲學家威廉·弗蘭克納 (William Klaas Frankena)（1963）的定義，倫理是一個社會的道德規範系統，賦予人們在動機或行為上是非善惡判斷基準。法律是最基本的道德，道德是高層次的法律。顯然，法律規定的都是底線一般的規定，只要你能守住基本的道德底線都不太會觸犯法律，所以道德與法律之間存在位階，道德和法律相輔相成，都是用來保護個人安全與創造整體利益。

1. 「倫」是類別、輩份，「理」指紋理、脈絡，倫理的意義就是藉分類方式找出個體與整體之間的關係、脈絡及秩序之理論，倫理是一種自律性規範。

2. 道德是兩個人以上就會產生道德問題，對存在社會中的人，其行為的一種規定和限制，道德既是一種自律是他律性規範。

3. 法律是為維持社會秩序而設，它是最低限度的道德，是明確而有共識的，並且具有強性，而道德的內涵則是法律的基礎，法律則是屬於他律性規範。

	道德	倫理	法律
層次	個人	群體	社會
特徵	抽象	模糊	具體
性質	蘊於內	形於外	最後防線

（表 13-1 道德、倫理及法律比較）

資訊倫理

　　資訊科技與電腦手機不斷推陳出新，科技的快速發展將人類文明

帶進了資訊時代，一方面替人類帶來了許多生活上的改善，但另一方面卻也造成利益衝突與權利的受損，甚至威脅到社會大眾的基本福祉。資訊倫理教育儼然成為大眾必學的重要課題，重點是要啟發思考與建立價值觀、培養正確科技使用態度以及資訊利用行為，涵蓋範圍包刮資訊載具、資訊科技、資訊系統、網路系統而有產出、傳播、整理、儲存、檢索、利用及娛樂等一切行為倫理規範。資訊倫理不同於一般的法律，它是屬於一種自律、自重及自我約束的內在態度，以不侵犯社會道德的一種規範，畢竟沒有約束的科技是危險的。資訊倫理的五大相關議題如下：

❶ 隱私權（Privacy）：

　　1. 關於個人，什麼資訊可以透露？在什麼條件下可以透露？

　　2. 什麼資訊可以由個人保有，別人無權干涉？

　　3. 什麼樣的資訊使用行為，會侵害別人的隱私和自由？

❷ 正確性（Accuracy）：

　　1. 資訊使用者應如何在眾多的資訊中去蕪存菁，辨別資訊的正確性？

　　2. 資訊提供者如提供錯誤的資訊，負有何種責任？

　　3. 資訊管理者如未善盡管理之責，讓資訊遭入侵竊取或修改，責任歸屬為何？

❸ 所有權（Property）：

　　1. 資訊在什麼情況下可以免費使用？什麼情況下應該付費或徵得所有權人的同意方能使用？

　　2. 什麼樣的資訊使用行為算是侵害別人的著作權？

3. 侵害別人的著作權應負何種責任？

❹ **使用權**（Accessibility）：

1. 如何維護個人對資訊使用的權利？

2. 如何維護資訊使用的公平性？

3. 如何避免資訊「貧者愈貧，富者愈富」的現象？

❺ **安全性**（Security）：

1. 網路資訊是否需要分級？分級的標準？誰來做分級？

2. 如何不讓青少年遭受網路色情氾濫的不良影響？

3. 如何確保資料在網路上傳輸的安全？

4. 虛擬貨幣的真實性？虛擬貨幣的交易誰來監控？

5. 網路警察存在的合法性？其工作權責？

6. 跨國網路犯罪，誰有權力處理罪犯？

　　透過資訊倫理宣導與課程教育，國際與國家的立法也必須明確，現在網站動不動就要使用者註冊，填寫個人資料，加上社群媒體或網路企業告知用戶如何使用個資方式常缺乏透明度，用戶無法充分瞭解這些大企業如何使用個資，已間接剝奪了用戶控管個資的能力，幸好明確的法律可以保障個人的基本權益，Google、Facebook 和英國航空就曾因個資外洩而被開罰。

13-3 人工智慧做出有道德的決策

　　倫理道德討論的是人與人之間的關係，及人與人之間如何相處。那 AI 機器人的倫理道德誰來教？人類和機器人相處的法則如何訂定？違背何種程度的規範，會受到怎麼樣的嚴懲？難道只要把 AI 資料下載更新或重新開機就好了嗎？人類的世界，教養的過程是靠傳承，靠人教人、互動，方法是拿來輔助的，那機器人也是靠演算法來學習嗎？

（圖 13-1 人類發展與機器）

AI 時代的倫理道德問題

　　美國國家人工智慧安全委員會主席施密特 (Eric Emerson Schmidt) 表示，討論 AI 道德問題是為了確保人類，建立的體系應以人類的價值觀為基礎。（美聯社 . 2019-11-14）。2019 年 1 月，Facebook 攜手德國慕尼黑工業大學成立 AI 倫理研究所，探討 AI 相關技術應用的道德準則，思考未來在 AI 應用上可能產生的問題。科技的進步就是要讓人類更幸福，隨著 AI 融入人類世界，越來越多國家和企業重視並發展 AI 倫理道德，建立符合人類的價值觀更顯得

重要，除了資訊倫理所探討的問題都應該遵守外，以下再列出一些可能延伸的議題：

1. 人類與機器如何相處？位階如何設定？對人類行為可能造成的影響？

2. AI 所獲授權究竟有無邊界？誰來核准資料上傳或下載？

3. 機器人產生行為責任誰來承擔？是生產的賣方？還是買家？

4. 資料的不公正而產生偏見？誰來篩選資料的正確性？

5. AI 可能帶來產業改革，造成財富分配不平等與勞動力問題，人類的工作權如何保障？

6. 深偽程式技術—Deepfake 若落入有心人士之手，如何防範散播假訊息？

7. 誤傳和假新聞，誰來監督和把關？監督的過程是否涉及侵權？

8. 全球安全與情報，機密文件該如何保存？洩密該如何究責？

9. 未來是會出現機器人主管？機器人能有自己的主控權？

10. 人工智慧的人性化處理，誰來訓練？機器人中心思想以誰為主？

11. 訓練 AI 的演算法能否發展倫理道德篩選機制？

12. AI 相關的法律規定？機器人有什麼基本權利？

13. 誰有權力製造機器人？如何將使用者意圖認知寫入客製化機器人？

14. 病毒植入機器人，機器人失控怎麼辦？

15. 如何確保人工智慧不會產生不可預期的結果？

16. 天眼系統與天網系統的開發與應用，人類的隱私權？

事例思考 AI 可能遇到的情境 ～《科技部 AI 創新研究中心計畫》

　　推薦一個科技部 AI 創新研究中心所主持的人工智慧倫理學的計畫網站，這個網站透過自駕車、醫療照護、器官捐贈、工程倫理四種

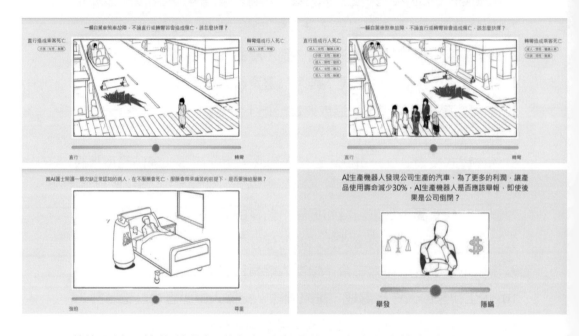

道德困境，搜集並分析群眾在面臨這些困境時之決策與依據，期可作為未來智慧機器發展之基石。擷取網站部分圖片來讓大家思考：

1. 情境 1：一輛自駕車故障，不論直行或轉彎皆會造成傷亡，該怎麼抉擇？

2. 情境 2：當 AI 護士照顧一個欠缺正常認知的病人，在不服藥會死亡，服藥會帶來痛苦的前提下，是否要強迫服藥？

3. 情境 3：AI 生產機器人發現公司生產的汽車，為了更多的利潤，讓
   產品使用壽命減少 30%，AI 生產機器人是否應該舉報，
   即使後果是公司倒閉？

從電影與電視影集來想像未來的 AI 世界

有關機器人的電影不勝枚舉， 推薦幾部我覺得很值得深思的電影，網路上也可以搜尋到電影的簡介。

1. 《全民公敵》，1999，英文： Enemy of the State

2. 《變人》，1999，英文：Bicentennial Man

3. 《A.I. 人工智慧》，2001，英文：Artificial Intelligence

4. 《機械公敵》，2004，英文：I, Robot

5. 《雲端情人》，2013，英文：Her

6. 《全面進化》，2014，英文：Transcendence

7. 《人造意識》，2015，英文：Ex Machina

8. 《黑鏡》，2011，英文：Black Mirror，英國電視影集

9. 《疑犯追蹤》，2011，英文：Person of Interest，美國電視影集

13-4 建立人工智慧的倫理道德觀念

再回頭來思考科幻作家艾西莫夫的機器人四大法則，是不是感覺很有必要性？發展先進社會與追求整體利益的同時，更應該保護個人的安全與利益，除了強化大眾的良知，建立開發商與大企業的倫理道德相對重要，國家加速立法保障公民更是責無旁貸。要發展人工智慧，建立機器人自主意識，將倫理道德建立在資料庫中，讓 AI 模擬符合大眾判斷的倫理決策，就是希望讓 AI 擁有意識和價值觀，但道德觀會因為個體差異而有所不同，這是因為每個人關注事件中的面向不同，所以要為 AI 設計多組倫理決策模型，將複雜世界的互動化成符號、代碼進而設計程式，讓 AI 執行後產生各種思考、學習與行動，換言之，我們可創造由符號、代碼組成的演算法與資料庫，透過合成的方式來產生 AI 的思考。但倫理道德真的皆可被簡化為基本的邏輯符號嗎？目前的 AI 還只是靠著灌輸數據來讓 AI 遵循固定的思考模式，有一天機器人真能自主意識時，人類可是直接暴露在危機之中，讓機器人有倫理道德觀念將會是一大工程，不能坐視不管，必須用更嚴肅、更謹慎的態度來面對。

測驗

◎ 選擇題

1. ＿＿＿ 下列敘述何者不是正確的？
   A. 道德既是一種自律也是他律性規範　　B. 法律為維持社會秩序而設
   C. 法律是最高限度的道德　　　　　　　D. 道德的內涵是法律的基礎

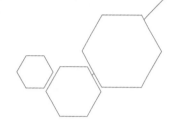

2. ＿＿＿ 有關 ”倫理” 的特質敘述，何者較不恰當？

A. 人與人以及人與自然的相處關係　　B. 他律性規範　　C. 自律性規範

D. 蘊於內

3. ＿＿＿ 下列敘述何者不是正確的？

A. 為了使自己工作能力提高而去進修，這也是工作倫理的表現

B. 基因改造食品可能引起資訊倫理的問題

C. 有一則新聞報導：Google3D 地圖可以幫你搜尋到好友的蹤跡，此會涉及到資訊倫理中隱私權的議題

D. 駭客行為可以說是違反了資訊倫理

4. ＿＿＿ 下列何者不是資訊倫理的相關議題？

A. 隱私權　　B. 所有權　　C. 相關性　　D. 正確性

5. ＿＿＿ 網路上有許多免費資源可以申請，例如電子郵件、網路硬碟、網頁空間等等。下列何者敘述不是正確的？

A. 可以用來發廣告信件，不會被追查　　B. 可以用來儲存下載的院線片

C. 可以用文字或照片等方式，隱涉、煽動他人　　D. 以上皆不正確

6. ＿＿＿ 有關社群軟體的發文，下列何者較不恰當？

A. 將網友不知道或想知道的知識整理出有用的圖或文，並註明引用來源

B. 與他人有爭執時，在臉書或網路社群 PO 文，公布當事人身分、職業、住址等個資，提供鄉民網路肉搜

C.LINE 群組總會有許多熱心的人，轉貼大量新聞資訊、文章分享，為了避免訊息漏失，直接轉傳給自己認識的好友

D. 以上皆是

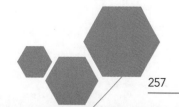

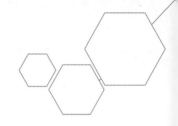

7. ＿＿＿ 倫理、道德與法律等社會規範不但可以約束與引導人們行為，更可以維繫社會秩序與發展，針對社會規範的討論，下列何者敘述是正確？

A. 道德只能約束人的外在行為，無法訴諸於人的內在良知
B. 使用電腦查詢健保卡個人就診歷史紀錄，涉及隱私權議題
C. 違反法律一定違反道德，故違反法律和道德都會受到公權力的制裁
D. 資訊倫理是屬於一種自我判斷的價值觀，沒有法律規範問題

測驗答案：1.C 2.B 3.B 4.C 5.D 6.D 7.B

☀ 延伸思考

(1) 如果你有一個機器人朋友，他就像親人一樣的存在，有天你走在路上看到一位陌生人快被車撞到，你可以選擇用機器人去救，代價就是要失去像親人一樣的機器人朋友，或是選擇視而不見，但那個陌生人就會受傷或死亡，你會如何選擇？

(2) 少子化的時代，人形機器人的功能越來越強大，外在反應與情緒表達越來越人性，也能陪你一輩子。如果是你，會選擇真人來當你的兄弟姐妹或是機器人？

👉 參考資料

許孟祥、黃貞芬（1996 年 12 月）。資訊時代中倫理導向之決策制定架構 。第一屆中央研究院「資訊科技與社會轉型」研討會論文集。

許孟祥、林東清（1997 年 12 月）。倫理決策與電腦使用之意向模式。第二屆中央研究院「資訊科技與社會轉型」研討會論文集。

科技部 AI 創新研究中心計畫。人工智慧倫理學。

人工智能機器人要毀滅人類。

栾红叶、Aileen（2019 年 6 月）。2019 年最亟待解决的 11 个 AI 伦理困境。大数据文摘。

The Merit Times 人間福報。9 部人工智慧電影 帶你省思。

高中 AI 生活大智慧
The Generation Of Artificial Intelligence

出　　版：臺北市政府教育局 ■臺北市政府教育局 DEPARTMENT OF EDUCATION TAIPEI CITY GOVERNMENT

發 行 人：曾燦金

主辦單位：臺北市政府教育局 資訊教育科

承辦單位：臺北市立永春高級中學 3A 教學基地中心

指導委員：曾燦金、何雅娟、洪哲義、陳素慧、陳秉熙、張云菜

諮詢委員：杜維洲、林守仁、洪士灝、陳炯良、黃承龍、傅昭銘、
　　　　　曾守正、楊竹星、劉傳銘、蔡智孝、壽大衛、蕭培元
　　　　　（按姓氏筆劃順序排列）

總 編 輯：張云菜、曾慶良

編 輯 群：白世文、李巧柔、吳秀宜、高抬主、陳泓曄、葉惠鳳、
　　　　　蘇中聖
　　　　　（按姓氏筆劃順序排列）

漫畫作者：高翊瑄

發行編輯：張炯心、許庭瑜

校稿編輯：蕭夏煖

設計編排：移動天使整合行銷

地　　址：新北市板橋區華江一路
　　　　　212 號 14 樓

電　　話：02-22553195

印　　刷：豪映印刷事業有限公司

電　　話：02-22252369

出版日期：109 年 8 月

國家圖書館出版品預行編目（CIP）資料

高中生活 AI 大智慧 = The generation of
artificial intelligence / 張云菜等作.
-- 臺北市 : 臺北市永春高中出版 : 臺北
市 3A 教學基地中心發行，民 109.08
　　面；　　公分
　ISBN 978-986-5459-05-5(平裝)

1. 資訊教育 2. 人工智慧 3. 中等教育

524.375　　　　　　　　　　109008868